(Conserver la couverture)

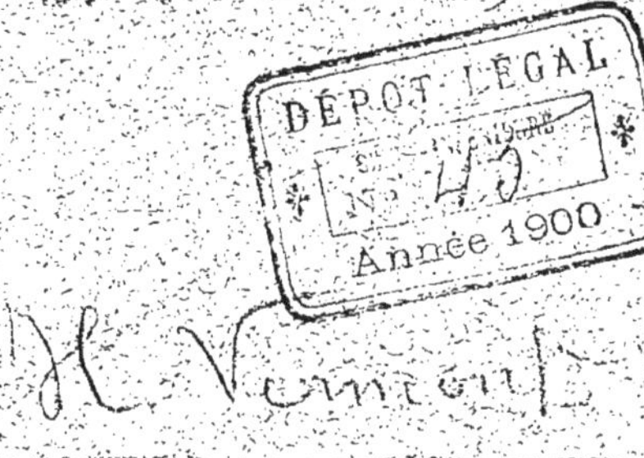

UNE

ŒUVRE MUTUALISTE

Rouen. — Imp. Léon Gy.

UNE ŒUVRE MUTUALISTE

4 AVRIL 1897

FÊTE

DES

VINGT-CINQ ANS DE PRÉSIDENCE

DE M. H. VERMONT

BÂTONNIER DE L'ORDRE DES AVOCATS

PRÉSIDENT DE L'ÉMULATION CHRÉTIENNE DE ROUEN

TABLE

La fête des vingt-cinq ans de présidence de M. H. Vermont eut un éclat exceptionnel. M. le Ministre de l'Intérieur s'y fit officiellement représenter; plus de 500 Sociétés de 44 départements y participèrent; elle se termina par un banquet de 600 couverts, réunissant aux Rouennais un nombre considérable d'étrangers, les femmes du monde aux plus modestes ouvrières, les hommes de tous les partis, de tous rangs, de toutes conditions.

Ce fut moins la fête d'un homme que la fête d'une idée; ce fut aussi la digne récompense d'une vie consacrée, pendant un quart de siècle, non seulement à transformer notre Société, mais aussi à répandre et à défendre les idées et les Associations mutualistes, avec un tel talent et une ardeur si infatigable que notre Président reçut le surnom mérité d'apôtre et de champion de la Mutualité.

Un autre sentiment se joignit peut-être à la reconnaissance.

M. Vermont avait, plus que personne, combattu le projet de loi contre les Sociétés de secours mutuels que la nouvelle école des mutualistes en chambre voulait nous imposer. Il avait, dans cette longue lutte, prodigué ses écrits, ses discours, ses démarches. C'est pour cela qu'au Congrès de Saint-Etienne on lui avait demandé de présider la Commission qui résuma les vœux des mutualistes pratiques; c'est pour cela que les mutualistes de la Loire lui avaient fait donner à Roanne, devant le rapporteur du projet de loi, une conférence publique, avant et après laquelle ils avaient déclaré qu'ils partageaient sur tous les points son opinion, et qu'il était le porte-parole de la grande majorité des mutualistes français.

On touchait à la fin de ces discussions qui duraient depuis quinze ans. La Chambre des députés, revenant sur ses anciens votes, avait, dans le débat en première lecture, apporté au projet de loi des modifications importantes, libérales et presque toutes conformes aux demandes que M. Vermont n'avait cessé de formuler.

Mais la transformation du projet de loi n'était pas complète, nos intérêts financiers restaient sacrifiés, et on craignait un retour

6

offensif des mutualistes en chambre, dont le Parlement avait si longtemps aveuglément suivi les inspirations.

La crainte de ce péril ne fut sans doute pas étrangère à la grandiose manifestation dont notre Président fut l'objet et à la souscription qui permit de lui offrir, au nom de la Mutualité française, un présent des plus artistiques. Sa personnalité disparaissait presque devant la grandeur des idées qu'il personnifiait ainsi et qui devaient, quelques mois après, obtenir enfin du Parlement un triomphe définitif.

Notre Conseil administratif, non content d'avoir obtenu du talent de M. A. Guilloux, le buste en marbre de M. H. Vermont, voulut perpétuer par une brochure le souvenir de cette fête sans précédent, dont les journaux avaient publié d'enthousiastes mais fugitifs récits. Cette publication a été retardée contrairement à nos désirs.

Notre Président trouvait son œuvre incomplète; une grave lacune existait dans nos statuts, et pour la combler il fallait une somme considérable.

Aujourd'hui, notre fête a eu son lendemain : une loi libérale et progressive a été votée, des dons importants augmentant notre capital nous ont permis de modifier à nouveau nos statuts, nous n'attendons plus qu'une approbation administrative pour qu'un important progrès succède à tant d'autres.

L'Exposition approche, cette brochure servira de complément à l'historique que nous avions rédigé pour l'Exposition de 1900.

Enfin, l'élection au Conseil supérieur de la Mutualité a donné lieu, au dernier moment, à des hostilités surprenantes et à des allégations qui ont pu trouver créance auprès de ceux qui ne connaissent pas notre Président; il est utile de les éclairer.

Notre récit, pour s'être fait longtemps attendre, ne sera donc pas, nous l'espérons, sans quelque utilité. Il permettra de constater les progrès continuels de notre Société en même temps que les services rendus par notre Président à la Mutualité toute entière; il prouvera les sentiments de reconnaissance et d'union qui ont toujours distingué l'Emulation chrétienne de Rouen; il servira de préface aux fêtes prochaines de notre cinquantenaire.

POUR LE CONSEIL ADMINISTRATIF

Les Vice-Présidents,

CH. ALLARD,   HAREL, ※,
Premier Vice-Président.   Deuxième Vice-Président.

Rouen, 10 novembre 1899.

COMMENT SE TRANSFORME UNE SOCIÉTÉ

L'Emulation chrétienne de Rouen en 1871 (1).

Lorsqu'en 1871, M. Vermont fut appelé à présider l'Émulation chrétienne de Rouen, cette Société, dont les débuts avaient été très brillants, se trouvait dans une situation critique.

Dans les treize années précédentes, elle avait perdu 1,300 sociétaires, les recrues devenaient de plus en plus rares, l'âge moyen des participants augmentait sans cesse avec leurs dépenses, tandis que les recettes diminuaient. On avait été forcé d'ajourner de soixante à soixante-cinq ans l'âge d'admission à la retraite, d'abaisser de 100 francs à 30 francs le chiffre de la pension promise, d'élever la cotisation des participants en diminuant leurs avantages. Les versements à la caisse des retraites avaient été suspendus et devenaient problématiques ; on ne parvenait qu'à grand'peine à équilibrer le budget. Le présent était plein de découragements, l'avenir plein d'inquiétudes. Chacun se demandait si la Société qui, jadis, avait excité tant d'enthousiasme et donné tant d'espérances, n'allait pas, dans un temps plus ou moins long, disparaître, et on le craignait d'autant plus que son Président, M. Ed. Leroy, après avoir lutté, avec un dévouement de tous les instants, contre cette déchéance, se trouva, par d'impérieux devoirs de famille, obligé de donner sa démission.

M. Vermont sollicité de le remplacer et touché de la confiance qu'on lui témoignait, n'hésita point. On était au lendemain de la guerre, pendant laquelle il avait eu l'occasion de prouver son patriotisme. Il crut être utile à son pays en même temps qu'à ses sem-

(1) L'Emulation chrétienne, fondée le 2 décembre 1849 par sept ouvriers, avait eu successivement pour Présidents : MM. Carpentier, Allard et Ed. Leroy. Son historique analytique et critique, que cette brochure complète, a été édité par MM. Guillaumin et Cie. Prix : 1 fr. — Voir p. 105, le tableau comparatif de la Société, le 1er janvier 1872, le 1er janvier 1897, et le 1er octobre 1899.

8

blables, en essayant de raviver et de transformer cette Société, dont les fondateurs et les fonctionnaires excitaient son admiration et dont le but et l'importance méritaient assurément son zèle.

Trois choses lui parurent surtout nécessaires : relever la Société dans l'estime de ses membres et dans l'opinion publique, augmenter les recettes, améliorer les statuts.

Salle des Augustins. — Concerts, conférences, circulaires.

On se réunissait dans une salle noire, malpropre, qui laissait tout à désirer.

Par les soins du nouveau Président, elle fut entièrement repeinte (1) et changea d'aspect. Les bancs furent pourvus de dossiers ou remplacés par des chaises ; le gaz installé ; un petit théâtre coquet acheva cette amélioration, qui ne coûta pas un centime à la Société.

Dans cette salle rajeunie, on donna, pendant l'hiver, chaque dimanche soir, des concerts non moins favorables à la tempérance qu'à l'épargne. Le prix d'entrée était presque insignifiant. Il était défendu de boire et de fumer. Les sociétaires, séparés trop souvent les uns des autres dans la semaine par les nécessités du travail ou l'éloignement de leur logis, se rassemblaient ainsi joyeusement, en famille, et applaudissaient tour à tour les chanteurs dont la plupart étaient leurs camarades, les membres honoraires dont le concours était particulièrement apprécié, et les musiques de la garnison qu'on eut, pendant bien des années, le plaisir d'entendre chaque mois.

Le 24 février 1874, M. Vermont inaugura, par une conférence sur Jeanne d'Arc, des réunions non moins utiles et qui amenèrent dans la salle des Augustins un tout autre public. Il était parvenu à grouper un certain nombre d'orateurs ou de professeurs, appartenant la plupart au barreau ou au lycée de Rouen, et qui, pendant près de dix ans, y donnèrent des conférences historiques, littéraires ou sociales (2).

Une quête fructueuse les terminait ; elle se fait aujourd'hui après la principale assemblée générale de la Société.

En 1876, le Théâtre-des-Arts ayant brûlé, le Président de l'Emulation chrétienne organisa, dans la salle des Augustins, un concert

(1) On attend le prochain renouvellement du bail pour la repeindre à nouveau.
(2) La crainte qu'on vît dans ces conférences des allusions politiques ou religieuses les fit supprimer en plein succès, quand s'accentuèrent, dans notre pays, les divisions qui l'épuisent.

de bienfaisance pour les victimes de l'incendie. Ce concert ayant parfaitement réussi, il en donna un chaque année, avec le concours des principaux artistes de Paris, au profit de la Société (1).

Deux autres moyens furent aussi mis en œuvre par lui pour attirer sur l'Émulation chrétienne l'attention et la sympathie. Il fit de fréquents appels au bon vouloir de la presse, toujours heureuse de donner son concours aux œuvres utiles et qui reçut ses communications d'autant plus volontiers, qu'il leur donnait souvent un caractère d'intérêt général en résumant, par exemple, les rapports annuels du Ministre de l'Intérieur sur les Sociétés de secours mutuels. Les invitations aux assemblées générales s'étaient faites jusqu'alors par des lettres banales; il les remplaça par des circulaires rédigées avec le plus grand soin, indiquant les dons de l'année et qui faisaient appel au concours de tous, en signalant l'état financier de la Société, les réformes à l'étude et les progrès récemment accomplis.

Grâce à tant d'efforts, on vit peu à peu renaître la confiance des sociétaires et le sympathique intérêt qu'ils n'avaient cessé de mériter.

Membres honoraires.

A ces moyens généraux, le nouveau Président joignit des démarches personnelles et multipliées, qui lui permirent de répondre aux objections et de dissiper les préventions dont l'Émulation chrétienne était l'objet, en même temps qu'il propageait les idées mutualistes qui étaient alors trop peu appréciées.

Il avait tout d'abord intéressé à notre Société sa famille et ses amis, ce qui éleva, dès la première année, les cotisations honoraires de 3,978 à 5,208 francs.

Puis il rendit visite aux élus du suffrage universel, aux fonctionnaires publics, aux personnes riches et influentes, aux électeurs rouennais de la Chambre et du Tribunal de commerce, et, plus tard, aux inconnus que leur profession ou leur demeure signalait à son attention.

Il leur rappela les devoirs que la richesse impose, la solidarité qui doit exister entre concitoyens, la supériorité de l'assistance préventive sur l'assistance publique, l'importance et l'avenir, alors à peine soupçonnés, des Sociétés de secours mutuels, l'économie qu'elles apportent aux finances publiques en écartant des hospices et des bureaux

(1) Ces concerts ont cessé, comme beaucoup d'autres fêtes ou concerts, à cause des exigences du bureau de bienfaisance.

de bienfaisance tant d'ouvriers que la misère atteindrait sans elles; les avantages inestimables qu'engendre la Mutualité, soit au point de vue des travailleurs, que leur prévoyance rend meilleurs et moins malheureux, soit au point de vue de la paix sociale dont elle est, par l'union de tous les citoyens dans un même effort et dans un même but, le plus ferme soutien.

Doué d'une santé robuste, d'une grande puissance de travail et d'une volonté tenace, rien ne l'arrêtait, ni la fatigue, ni les contradictions, ni les rebuffades. Il avait changé sa vie, renoncé au plaisir des relations mondaines et donnait à notre Société tout le temps dont ses occupations professionnelles lui permettaient de disposer.

Le succès couronna sa persévérance.

Après six ans de présidence, il eut la joie de constater que l'importance des cotisations honoraires avait triplé, et qu'elles dépassaient 12,000 francs. Elles devaient s'élever plus encore.

Ces démarches furent complétées par la création d'une quête annuelle et de deux nouvelles catégories de sociétaires : les donateurs (membres à vie), et les bienfaiteurs (membres perpétuels). Le nom de ces derniers fut inscrit en lettres d'or sur des tables de marbre placées à demeure dans la salle des Augustins.

Cette dernière innovation eut lieu en 1876. Un nombre de plus en plus considérable de personnes ont pris, à Rouen, l'habitude de nous prouver leur générosité à l'occasion du nouvel an. Plusieurs nous ont fait des dons rappelant la date de leur mariage et beaucoup plus, au décès de leurs parents, ou lorsque nous ajoutons aux avantages de notre Société quelque nouveau bienfait (1).

Les adhésions personnelles obtenues par notre président, soit comme bienfaiteurs, donateurs ou membres honoraires, soit comme participants, s'élevaient, au 1er janvier dernier, au chiffre de 2,328. elles ont fait entrer dans notre caisse un peu plus de 60,000 francs.

Augmentation des cotisations

Les libéralités des membres honoraires sont, avec les subventions, une des conditions généralement nécessaires de la prospérité d'une Société de secours mutuels. Cependant, il ne faut pas oublier que la Mutualité est une œuvre de prévoyance et non d'assistance. Sa plus grande utilité résulte non des bienfaits qu'elle distribue, mais des

(1) Voir p. 110 la liste des dames quêteuses, des bienfaiteurs et des donateurs

efforts qu'elle nécessite et des vertus qu'elle développe ; en un mot, ce sont les sociétaires participants qui sont les membres essentiels d'une Société de secours mutuels, dont leurs épargnes doivent être la principale ressource et la plus grosse recette.

Pénétré de ces principes, M. Vermont s'appliqua à nous les faire bien comprendre et nous proposa d'augmenter les cotisations. Hélas ! la vie est dure, les impôts sont lourds. Notre Société est composée surtout d'ouvriers, dont beaucoup ont de grandes charges de famille. Il était difficile de les décider à augmenter les sacrifices que leur prévoyance leur imposait. D'ailleurs, disaient quelques-uns, on ne peut pas nous forcer à payer plus que les statuts ne l'exigent.

Les premières propositions du Président furent à cet égard froidement accueillies ; il lui fallut beaucoup de temps, d'insistance et de prudence pour faire comprendre aux participants la nécessité d'augmenter leur épargne volontaire et souvent difficile.

L'élévation de leurs cotisations était cependant utile pour faciliter le recrutement des membres honoraires, et indispensable pour conserver à la Société son caractère de Société de prévoyance et pour permettre l'augmentation des avantages assurés à ceux qui en faisaient partie. On finit par le comprendre, et les résistances que rencontra ce progrès s'affaiblissant peu à peu, il devint facile de le renouveler. Les anciens sociétaires, dont la liberté fut toujours respectée et qui ne voulurent pas changer de cotisation, l'ont presque tous regretté; beaucoup d'autres, auxquels leur âge (1) permettait de profiter de cette innovation, qu'ils avaient d'abord refusée, en ont profité lorsqu'elle se renouvelait d'une manière plus accentuée.

C'est ainsi qu'avec l'aide du temps et par étapes successives, la cotisation des hommes a été portée de 13 francs à 21 fr. 60 ou 30 francs, et celle des femmes de 10 fr. 20 à 18 ou 24 francs (2).

(1) L'augmentation de cotisation donnant droit à un accroissement de la pension aurait été dangereuse, si elle avait été proposée sans aucune réserve. Elle fut toujours limitée aux sociétaires n'ayant que cinquante-cinq ans. L'admission à la pension de retraite ne commençait alors qu'à soixante-cinq ans ; comme il fallait vingt ans de société pour y avoir droit, les sociétaires âgés de quarante-cinq à cinquante-cinq ans, ne furent admis à profiter pour leur retraite de cette augmentation qu'à la condition de payer l'arriéré.

(2) Pendant l'impression de ce livre les sociétaires ont voté la création de nouvelles cotisations facultatives de 35 fr. pour les hommes et de 30 fr. pour les femmes.

Subventions.

Les diverses augmentations de recettes eurent pour résultat direct
d'élever le chiffre annuel des subventions.

Notre Président les surveillait avec un soin extrême, afin de nous
assurer toujours le maximum de ce que nous pourrions obtenir.

C'est dans ce but que, malgré l'opposition de quelques-uns, il ne
craignit pas de verser à la caisse des retraites la majeure partie des
excédents de recettes que nous devions à son zèle; il insista même
plus d'une fois pour maintenir ces versements, alors même qu'ils
devaient dépasser le boni de l'année et réduire nos fonds disponibles, qui étaient à cette époque plutôt insuffisants.

L'événement a toujours prouvé la justesse de ses prévisions et
l'exactitude de ses calculs.

Améliorations administratives.

Il ne suffisait pas d'augmenter les recettes, il était utile de diminuer les dépenses.

Pour rendre le service médical plus prompt et moins coûteux, notre
Président augmenta le nombre des médecins, en ayant le soin que
chaque médecin habitât la circonscription qu'il devait desservir, ce
qui permit aux malades de prévenir plus rapidement le docteur et à
celui-ci de les visiter plus facilement.

Le nombre des consultations gratuites fut augmenté.

Les demandes d'admission durent être accompagnées d'un certificat de bonne santé.

La crainte de nous voir fonder une pharmacie spéciale et d'habiles
négociations nous permirent d'obtenir du Syndicat pharmaceutique
un traité spécial, révisable chaque année et qui nous fit réaliser une
économie notable, tout en assurant à nos sociétaires des médicaments
de premier choix, et en leur permettant de s'adresser à la plupart des
bonnes pharmacies de la ville et de la banlieue.

Le service des inspecteurs de malades fut réorganisé, de manière à
empêcher les abus et à assurer la visite fréquente des malades.

Enfin, et par la force des choses, la transformation de la Société
ayant augmenté notablement les avantages qu'elle présentait, ranima
la confiance et multiplia les demandes d'admission. Il en résulta une

diminution notable de l'âge moyen des sociétaires (1) et, par suite, de leurs dépenses, car chacun sait que le nombre des indispositions et des maladies augmente avec les années (2).

Modifications statutaires et réglementaires.

Notre Président ayant rétabli notre prospérité financière, s'occupa de réviser les statuts et le règlement, qui étaient très défectueux.

Il y procéda avec une extrême prudence, de manière à ne point froisser les anciens sociétaires, en ayant toujours le soin de confirmer la théorie par l'expérience, et en ne proposant un progrès nouveau que lorsqu'on avait la certitude de n'avoir pas à regretter l'amélioration précédente.

Souvent même l'innovation se votait et s'appliquait d'abord avec une réserve plutôt exagérée, afin que l'événement permît de constater l'exactitude des prévisions, et c'est après en avoir apprécié les résultats qu'on lui donnait, par des augmentations successives, toute son ampleur. C'est ainsi qu'on procéda notamment pour l'admission des enfants, pour la caisse des prêts d'honneur, pour le droit de naissance élevé successivement de 5 francs à 10 et 15 francs, puis à 30 et 50 francs; c'est ce qui s'est produit, surtout, pour les pensions de retraites.

L'étude des modifications se faisait avec une sage lenteur et l'examen successif : 1° du Conseil administratif; 2° du Conseil honoraire; 3° d'une réunion spéciale de ces deux Conseils, auxquels se joignaient des délégués nommés en assemblée générale; 4° enfin, de tous les sociétaires.

Il serait trop long d'examiner en détail chacune des modifications qui furent ainsi apportées, à douze reprises différentes, aux statuts et au règlement. Elles furent toujours approuvées par l'autorité administrative.

Les principales furent les suivantes :

Progression du droit d'entrée (au lieu d'un droit fixe) suivant l'âge d'admission ;

(1) Cette diminution, de 1871 à 1898, a été de neuf ans pour les hommes et de treize ans pour les femmes. (Voir le tableau de la page 108).

(2) Le même tableau permet de constater l'application de cette loi et l'effet, considérable pour nous, de son application. La diminution importante et constante de l'âge moyen des sociétaires est un de nos progrès les plus importants.

Nécessité du certificat de santé pour l'admission des sociétaires nouveaux ;

Faculté pour les membres honoraires malheureux de devenir participants ;

Création du droit des octogénaires ;

Création du droit de vieillesse ;

Création du droit de veuvage et d'orphelinat ;

Création de la caisse des orphelins ;

Création du droit d'option entre deux cotisations ;

Création du droit de naissance (secours d'accouchement) ;

Création de la caisse des prêts d'honneur ;

Admission des enfants (depuis l'âge de six ans) ;

Abaissement proportionnel de la cotisation des enfants, suivant leur âge et suivant leur nombre, quand ils sont plusieurs de la même famille ;

Augmentation de l'indemnité de maladie pour les hommes ;

Augmentation de l'indemnité de maladie pour l'enfant dont le père ou la mère, veuve d'un sociétaire, est malade ;

Gratuité du dentiste, ajoutée à celle du médecin et du pharmacien ;

Admission des femmes au bienfait de la retraite ;

Augmentations successives du chiffre de la pension de retraite ;

Abaissements successifs de l'âge d'admission à la pension ;

Création de la retraite supplémentaire proportionnelle aux années de Société.

Pensions de retraite.

C'est surtout au point de vue des pensions de retraite que s'est manifesté l'esprit à la fois hardi et prévoyant de notre Président.

Quand il fut appelé à notre tête, la pension de retraite était uniformément de 30 francs ; les femmes en étaient exclues et les hommes n'y avaient droit qu'à soixante-cinq ans.

Les progrès que nous avons accomplis sur ce point ont été surprenants ; ils ont été obtenus prudemment, sans relâche et sans hâte, d'après la progression de nos ressources et de manière à permettre toujours au Président de vérifier, par le fait accompli, l'exactitude de ses calculs de probabilités.

Il s'attachait à donner aux retraités le maximum de ce qui pouvait leur être accordé, mais à la condition d'être certain que le chiffre de la pension ne serait jamais abaissé. C'est ainsi que la pension des hommes fut successivement portée de 3o francs à 36, à 46, à 6o, à 72, à 100, à 110, à 122, à 164, à 186 et à 3oo francs (1).

On procéda de même pour la pension des femmes, quand elles furent admises à ce bienfait.

Pendant longtemps, M. Vermont nous entretint de son désir de voir abaisser l'âge d'admission à la pension. On entre dans les Sociétés de secours mutuels par crainte de la maladie ; si on est bien portant, on y reste pour profiter de la retraite, et plus la retraite est proche, plus on tient à en profiter. D'ailleurs, l'homme ne perd pas ses forces d'un jour à l'autre : il est donc rationnel de ne pas donner le maximum de la retraite tout d'un coup. Notre Président aurait voulu que les sociétaires touchent, à cinquante-six ans, une pension égale à un an de cotisation, et qui, augmentée graduellement chaque année, fut égale, à soixante-cinq ans, à dix ans de cotisation. Ce programme, en 1901, sera presque réalisé (2).

Il est même déjà amélioré en ce qui concerne les petites pensions, car la première pension est de 32 francs, et nous avons décidé qu'on y ajouterait, de suite, une pension supplémentaire proportionnelle pour les retraités qui ont plus de vingt ans de société (3).

Malgré l'impatience de son désir, notre Président ne proposa ces deux dernières améliorations qu'à l'époque où il fut certain que pendant une longue période, la diminution du nombre des retraités se joindrait à l'incessante augmentation de nos ressources (4).

En 1883, M. Vermont put cependant paraître imprudent. Il avait grand désir que les vieux sociétaires pussent enfin toucher la pension

(1) La dernière élévation de pension a été plus considérable que les précédentes parce qu'au moment où elle fut votée, les ressources de la Société étaient plus importantes. D'ailleurs, vingt ans de paiements étant exigés pour l'obtenir, et les sociétaires âgés de plus de cinquante-cinq ans n'ayant pas été admis à en profiter, même en payant l'arriéré, on était certain qu'il s'écoulerait au moins dix ans avant que l'on pût toucher 3oo francs de pension au lieu de 186 francs. Le plein exercice des pensions de 3oo francs pour les hommes et de 240 francs pour les femmes ne s'effectuera que dans quelques années.

(2) Voir *in fine* le tableau annuel de nos pensions et de notre situation à la caisse nationale des retraites.

(3) L'équité de cette mesure, trop rare dans les Sociétés de secours mutuels, n'a pas besoin d'être démontrée.

(4) Les calculs de probabilités de décès étaient tellement exacts que, malgré l'abaissement de l'âge d'admission à la pension, le nombre des retraités n'a pas augmenté sensiblement. Cette augmentation se produira à partir de 1900, mais elle coïncidera avec un accroissement très important et déjà en partie effectué, des capitaux disponibles.

de 100 francs qui, jadis, leur avait été promise (1), et nous proposa d'élever à ce chiffre la pension, qui n'était alors que de 72 francs. Il nous prévint qu'il manquait pour cela 80,000 francs, et qu'il lui faudrait quatre ans pour les trouver, mais il les promit, et nous avions tant de confiance en lui que l'élévation de la pension à 100 francs fut acceptée sans opposition.

Quelques années plus tard, il nous fit une proposition qui étonna davantage.

La pension des hommes était loin d'avoir atteint son maximum et ne se donnait qu'à soixante-cinq ans, quand le Président nous fit observer qu'il était injuste et inhumain de ne pas admettre les femmes au bienfait de la retraite. Il proposa de créer pour elles une caisse de retraites qu'alimenterait en partie une augmentation de leur cotisation (2), et dont le premier capital serait créé par un prélèvement de près de 100,000 francs sur la caisse des hommes. Cette proposition fut mise à l'étude pour permettre à chacun de l'apprécier, et c'est par un vote unanime qu'elle fut accueillie, au grand honneur des sociétaires qui donnèrent ainsi un bel exemple de solidarité et de générosité.

Ils n'ont pas eu à le regretter.

Aujourd'hui, l'admission à la pension a lieu à cinquante-neuf ans, et s'effectuera dans quinze mois à cinquante-sept ans; les femmes y ont droit comme les hommes; chaque retraité touche, en prenant sa retraite, une rente supplémentaire proportionnelle à ses années de société, s'il a plus de vingt ans de société; tous les retraités touchent, au plus tard à soixante-cinq ans, une rente égale à dix ans de cotisation. Un ménage dont le mari paie 30 francs de cotisation et la femme 24 francs est donc assuré d'avoir **540** francs de rente.

Nous ne croyons pas qu'il y ait en France UNE SEULE Société de secours mutuels ou de retraite qui ait fait, au point de vue des pensions, des progrès comparables aux nôtres.

(1) Déjà précédemment notre Président avait créé la caisse des octogénaires, qui permit de donner, à titre de secours, cette somme de 100 francs aux octogénaires des deux sexes.

(2) Les femmes ne comprirent pas tout d'abord le grand avantage qui leur était offert. La plupart des anciennes sociétaires ne voulurent point augmenter leur cotisation et l'ont regretté depuis; c'est ce qui explique le petit nombre de retraitées actuelles. Beaucoup étaient trop âgées pour profiter de cette innovation; on créa pour elles le secours de vieillesse, qui les dispense de cotisation à partir de soixante-cinq ans et leur assure de plus un petit secours qui s'élève progressivement à 100 francs.

Récompenses et distinctions.

On ne sera pas étonné qu'ayant atteint de si brillants résultats, M. Vermont ait obtenu, non pour lui qui n'en a jamais sollicité, mais pour ses collaborateurs et pour notre Société de nombreuses récompenses.

Distinctions individuelles.

Il a eu la satisfaction d'obtenir du gouvernement de la République :

En 1873, pour son prédécesseur, M. Ed. Leroy, la croix de la Légion d'honneur, et une médaille de bronze pour M. Arnoult, trésorier.

En 1878, la médaille d'or pour M. Harel, vice-président, survivant des fondateurs, et la médaille d'argent pour M. Arnoult.

En 1881, la médaille d'argent pour M. Albert Leroy, vice-président.

En 1884, la médaille d'or pour M. Arnoult, trésorier honoraire, vice-président.

En 1887, la médaille d'argent pour M. Paillard, trésorier, et la médaille de bronze pour M. Boyenval, vice-président, chef de service.

En 1889, la médaille de bronze pour M. Dast, secrétaire.

En 1892, une mention honorable pour M. Frenoir père, vice-président, chef de service.

En 1895, une médaille d'argent pour M. Boyenval (1).

En 1898, les palmes académiques pour M. Harel, et une médaille d'or pour M. Boyenval.

En 1899, une médaille d'argent pour M. Frenoir père.

Récompenses collectives.

Notre Société, indépendamment des distinctions individuelles décernées à un certain nombre de ses membres (2), a constamment obtenu de hautes récompenses à toutes les Expositions :

(1) Il nous sera permis de faire observer, *sans réflexions*, que depuis 1884 jusqu'à 1898, c'est-à-dire pendant quatorze ans, il n'a été attribué à l'Emulation chrétienne de Rouen que deux médailles d'argent, deux médailles de bronze et une mention honorable.

(2) Les jurys des diverses Expositions ont décerné des médailles d'argent, de vermeil et d'or à MM. Avenel, fonctionnaire, Chambry, vice-président, chef de

En 1878, le diplôme d'honneur n° 12 à l'Exposition universelle de Paris.

En 1889, une médaille d'or à l'Exposition universelle de Paris.

En 1892, un diplôme d'honneur à l'Exposition nationale de Tours.

En 1893, une médaille d'or à l'Exposition nationale d'Auxerre.

En 1894, une médaille d'or à l'Exposition nationale de Lyon.

En 1894, un diplôme et une médaille commémorative — hors concours — à l'Exposition internationale de Chicago.

En 1895, un diplôme d'honneur à l'Exposition nationale de Bordeaux.

En 1896, un diplôme d'honneur avec médaille d'or (première des récompenses), à l'Exposition nationale ouvrière de Rouen.

En 1896, un grand prix à l'Exposition nationale et coloniale de Rouen.

En 1897, une médaille d'or (première des récompenses), à l'Exposition nationale de Rennes.

En 1897, un grand prix à l'Exposition nationale de Saintes.

En 1898, un grand prix à l'Exposition nationale d'Alençon.

En 1898, un grand prix à l'Exposition nationale et internationale de Dijon.

Distinctions exceptionnelles.

L'Émulation chrétienne de Rouen a reçu, de plus, de la Société française de tempérance, une médaille d'argent en 1875 et une médaille de vermeil en 1880.

En 1886, de l'Académie de Rouen, le prix Dumanoir.

En 1889, de la Société industrielle de Rouen, le prix décerné à la Société ayant le mieux développé l'épargne dans la Seine-Inférieure.

En 1899, de la Société d'encouragement au bien, la *couronne civique*.

Ces trois dernières distinctions n'ont été décernées à AUCUNE AUTRE SOCIÉTÉ de secours mutuels.

On peut voir par ce qui précède que le Président de l'Émulation

service, Allard et Harel, vice-présidents d'administration. Notre Président, indépendamment des médailles d'or, des diplômes d'honneur et des grands prix qui lui ont été décernés, a été mis quatre fois hors concours comme membre ou président du jury de la section d'Économie sociale; il n'accepta jamais de faire partie d'un jury qu'à la condition de s'abstenir quand on jugerait l'Émulation chrétienne. Indisposé lors de l'Exposition de Dijon, il fut remplacé par M. Ch. Allard.

chrétienne a justifié notre confiance et mérité la fête par laquelle nous avons été heureux de lui prouver notre reconnaissance.

Voici en quels termes nous y fûmes conviés :

« Rouen, 10 décembre 1896.

M

« Il y aujourd'hui vingt-cinq ans que M. Vermont a été élu président de l'Emulation chrétienne de Rouen.

« Depuis un quart de siècle, son dévouement à notre Société a été admirable et ininterrompu. Notre Œuvre est, avant tout, la sienne : c'est à lui que nous devons son succès. Fondation de secours de vieillesse et du droit de naissance, augmentation des secours aux malades et de la pension de retraite, admission des femmes à la retraite, admission des enfants, création de la Caisse des orphelins et de la Caisse des prêts d'honneur, telles sont, incomplètement énumérées, les idées fécondes que nous devons à son initiative, et que, avec l'aide de collaborateurs dévoués, il a su mettre en œuvre pour le plus grand bien des travailleurs prévoyants.

« Ses efforts ne se sont pas bornés à notre Société. Il a eu, depuis bien des années, par la presse, par de nombreux écrits, par des pétitions, par la parole, une influence prépondérante dans la propagation en France des idées mutualistes.

« L'Emulation chrétienne doit à M. Vermont et se doit à elle-même de ne pas laisser passer les *Noces d'argent* de son Président sans lui témoigner sa reconnaissance et sa gratitude. Dans cette pensée, le Conseil administratif et le Conseil honoraire ont décidé qu'une souscription serait ouverte, parmi les membres de la Société, pour l'acquisition d'un souvenir qui lui sera solennellement offert, au mois de mars prochain.

« Les souscriptions seront recueillies à domicile ; elles sont également reçues, dès à présent, au siège de la Société.

« Un banquet terminera cette fête de la Mutualité, dont nous avons cru devoir différer la date jusqu'au printemps, afin que les adhérents fussent en plus grand nombre, et à laquelle chacun des membres de l'Emulation chrétienne tiendra, dans la mesure du possible, à s'associer.

« Veuillez agréer, M   , l'expression de nos plus dévoués sentiments.

« *Le Président du Conseil honoraire,*

« E. NIEL.

« *Les Membres du Bureau du Conseil administratif,*

« CH. ALLARD, D. HAREL, P. VAUQUELIN,

« E. TROUVÉ. »

II.

*Le Président de l'Emulation chrétienne de Rouen
en dehors de notre Société* (1).

Jusqu'en 1882, l'action mutualiste de M. Vermont fut très restreinte.

Il avait établi entre les diverses Sociétés de secours mutuels de Rouen des relations aussi utiles que cordiales; donné des conférences sur la Mutualité à Rouen, à Darnétal et à Sotteville; fourni des renseignements à plusieurs Sociétés de la Seine-Inférieure; mais en dehors de ses devoirs professionnels, son activité s'appliquait surtout au relèvement de l'Emulation chrétienne et à l'étude patiente et approfondie des redoutables problèmes de la misère.

Dix ans s'écoulèrent avant qu'il arrêtât sa conviction qu'il a souvent résumée ainsi :

« Engourdis dans la routine et trop souvent dépourvus d'initiative, nous ne comprenons pas assez l'importance de la question sociale; nous *attendons trop de l'Etat et pas assez de nous-mêmes.*

« Dans l'organisation du travail, nos réformes sont trop lentes et ne tiennent pas toujours suffisamment compte des droits et de la liberté de chacun.

« Dans la lutte contre la misère, c'est bien pis encore, nous faisons absolument fausse route. Au lieu d'augmenter sans cesse les dépenses de l'assistance, nous devrions encourager et développer la prévoyance et les efforts individuels ou collectifs, car il en est de la misère comme des maladies qu'il est plus facile de prévenir que de guérir.

La Mutualité est la seule Institution qui ait vraiment répondu aux efforts et justifié les espérances des travailleurs. Elle est leur œuvre et leur orgueil, en même temps que leur soutien. Elle a le grand avan-

---

(1) En rappelant les services rendus par notre président à la Mutualité, nous ne saurions oublier que **beaucoup d'autres** ont, comme lui, travaillé utilement et généreusement à l'expansion et à la défense de nos Sociétés ; nous ne saurions trop les remercier. Pour ne parler que des morts, nous citerons d'une manière générale, MM. de Melun et H. Maze, et à Rouen, le docteur Vingtrinier et MM. Boudehan, de Blosseville, Boulland, Crampon et Dieutre.

age de n'exciter que de louables désirs, de s'appuyer sur les plus nobles sentiments, et chacun sait que s'il est difficile de sauver le désespéré qui veut se noyer, il est impossible d'écarter le malheur de celui qui ne fait rien pour s'en préserver.

Le meilleur moyen d'enrayer la misère consiste donc à développer les Sociétés de secours mutuels, en augmentant leur nombre (1), leur importance, leurs droits et leur liberté.

C'est ce que, depuis bien des années, notre Président n'a cessé d'expliquer et de réclamer non seulement dans les Congrès et dans les réunions mutualistes, mais aussi dans ses pétitions, dans ses conférences et dans ses écrits.

Congrès

En 1882, il n'y avait encore eu que bien peu de Congrès de Sociétés de secours mutuels : un dans l'Est, un à Reims, un à Paris dont on n'avait pas même publié les travaux. Ils n'avaient point excité l'attention.

Le dépôt des deux projets de loi présentés par M. le Président de la République, le 18 mars 1882, sur la Caisse nationale des retraites et sur les Sociétés de secours mutuels, parut à notre Président une occasion favorable pour réunir les mutualistes de la Seine-Inférieure et de l'Eure, pour répandre et faire mieux connaître nos Sociétés et pour hâter, par la publique approbation des intéressés, le vote de ces deux projets de loi, qui assuraient à nos dépôts le taux de 4 1/2 et celui de 5 o/o à nos pensions.

La grande union qui régnait entre toutes les Sociétés de Rouen rendit l'exécution de ce projet très facile.

Celui qui en avait été le promoteur fut, d'un accord unanime, appelé à présider la Commission chargée des travaux préparatoires, et, le 29 avril 1882, 129 délégués de 180 Sociétés répondirent à son appel.

Le Congrès fut présidé par M. Cordier, sénateur, Président du Conseil général de la Seine-Inférieure. M. Vermont, nommé vice-président, présenta le rapport général, prit une part importante aux discussions, signala l'utilité de l'admission des femmes et eut la satis-

(1) Sauf dans les communes où il en existe déjà un nombre suffisant. La prospérité des Sociétés de secours mutuels, dans une même commune, est en raison inverse de leur multiplicité.

faction de voir voter, à l'unanimité, la pétition par laquelle il avait, dès l'année précédente, demandé que, jusqu'au vote définitif d'une nouvelle loi sur nos Sociétés, 2 millions fussent mis annuellement à la disposition de M. le Ministre de l'Intérieur, pour augmenter leurs subventions.

Il est intéressant de noter ce fait, car c'est à une disposition analogue que la loi sur les Sociétés de secours mutuels a finalement abouti, en ce qui concerne nos intérêts financiers. (1)

Le Congrès de Rouen eut des résultats importants. Il a été, dans notre région et surtout à Rouen, le point de départ d'une grande extension de la Mutualité; il a fait augmenter nos subventions communales (2) et départementales (3) ; il a mis en relations les Sociétés de la Seine-Inférieure et de l'Eure, qui, auparavant, ne se connaissaient pas ; il a, par la publication de ses travaux, répandu les principes mutualistes ; il a, par son succès, contribué à l'organisation régulière des Congrès de la Mutualité, qui, presque tous, ont suivi l'exemple donné par ses organisateurs, et fait précéder la discussion des questions posées par la lecture d'un rapport qui les précise et les examine.

On ne sera point étonné que notre Président ait été vivement sollicité, depuis cette époque, de participer à tous les Congrès mutualistes et qu'il y ait tenu une place importante (4).

Il serait trop long d'énumérer ce qu'il y a fait.

Contentons-nous d'indiquer que, dans tous, il a soutenu et fait presque toujours voter les mesures favorables à notre indépendance et à nos droits. C'est lui notamment qui, dès le Congrès de Lyon (1883) et dans chacun de ceux qui ont suivi, a proposé et, sauf une

(1) La loi du 1er avril 1898 assure à nos dépôts le taux de 4 1/2 par le moyen d'un crédit spécial mis à la disposition de M. le Ministre de l'Intérieur; c'est ce qu'on a appelé le système des subventions compensatrices.

(2) Sur la demande de M. Robert, qui obtint du Conseil municipal l'inscription au budget d'une subvention pouvant s'élever à 10,000 fr., afin d'aider proportionnellement à leurs efforts et au nombre de leurs participants, les Sociétés de secours mutuels de Rouen, pour la création de leurs pensions de retraites. Les résultats de cette décision furent des plus heureux.

(3) Sur la demande de M. Vermont, qui obtint une augmentation de 50 o/o de la subvention.

(4) Le Congrès-Concours de Bordeaux était le seul auquel il n'eût point assisté.

fois, a toujours obtenu le vote des vœux favorables à nos intérêts financiers.

Sa participation aux discussions les plus importantes a permis de dire avec raison que son influence dans les Congrès avait toujours été considérable et souvent prépondérante.

Pour n'en citer que trois exemples : C'est lui qui, au Congrès de Paris (1889), combattit et fit repousser, à une très grande majorité, le système nouveau du livret individuel que les Mutualistes en chambre voulaient substituer au fonds commun pour la constitution des pensions de retraite. Il avait résumé sa brillante et solide discussion par cette observation de bon sens : « Le livret individuel convient aux individus (1), le fonds commun ou fonds social convient aux Sociétés. Ce n'est pas la peine de s'associer pour s'individualiser. »

Le Congrès de Saint-Etienne s'ouvrit, en 1895, alors que les projets de loi sur les Sociétés de secours mutuels, remaniés et dénaturés par le Parlement, mettaient en péril notre Institution. C'est à la Commission, présidée par M. Vermont, que les Congressistes confièrent le soin de présenter un autre projet de loi. Dans les discussions très animées qui suivirent, l'intervention de notre Président fut souvent décisive et ne contribua pas médiocrement à faire repousser le système nouveau et dangereux de la spécialisation des cotisations.

Sur la question si importante du taux d'intérêt de nos dépôts, les mutualistes, depuis le Congrès de Bordeaux (1892), étaient partagés en deux camps : les uns continuaient de demander, avec notre Président, la fixité du taux (2) de 4 1/2, mais il était à craindre que le Parlement qui l'avait toujours repoussé ne voulût pas se déjuger ; d'autres se contentaient de demander des subventions, mais le Parlement aurait pu les accorder une année et les refuser ou les réduire l'année suivante. C'est notre Président qui émit l'idée de fusionner les deux systèmes en insérant dans la loi l'obligation de mettre, chaque

(1) Le livret individuel est utilement employé dans les Sociétés scolaires ou dans les Sociétés dont les membres n'ont pas de résidence stable, telles que les Sociétés de voyageurs de commerce ou d'employés de chemin de fer ; il n'est pas plus conforme à l'esprit qu'aux traditions de la Mutualité.

(2) Cette demande avait été infructueusement soutenue devant la Chambre en 1885 par M. Mazé et, en 1889, par M. Adrien Liais. Elle a été depuis reproduite, sans plus de succès, en 1896, par MM. Sibille, Dussaussoy et Lechevallier dont les amendements furent repoussés et, en 1897, par M. Ricard, qui retira le sien en constatant l'accueil fait à la proposition et au discours de M. Barthou.

année, à la disposition du Ministre de l'Intérieur une somme suffisante pour parfaire en faveur de nos dépôts le taux de 4 1/2. L'effet de cette proposition fut immédiat et suivi d'un vote unanime du Congrès, vote dont l'unanimité se reproduisit à la Chambre des députés, lorsque M. Barthou, Ministre de l'Intérieur, renouvela éloquemment, devant elle, cette même proposition, qu'il fit également adopter par le Sénat.

En 1898, au Congrès de Reims, c'est notre Président qui proposa et fit voter la demande qu'on étendît aux pensions de retraite l'avantage accordé à l'intérêt de nos dépôts (1). Il fut également rapporteur du vœu demandant la modification de l'article 28 de la nouvelle loi (2).

A partir de 1889, notre premier vice-président, M. Christophe Allard, avait été délégué avec M. Vermont aux Congrès nationaux. Il lui donna toujours un concours précieux et justement apprécié. C'est lui notamment qui s'opposa, avec succès, au Congrès de Saint-Etienne à ce qu'on modifiât le nom sous lequel les Sociétés de secours mutuels ont toujours été connues.

Au surplus, voici quelles ont été les fonctions confiées dans les Congrès mutualistes à nos délégués :

1882. — Congrès de Rouen. — M. Vermont est nommé vice-président du Congrès dont il préside les Comités d'organisation et d'exécution.

1886. — Congrès national de Marseille. — M. Vermont est nommé vice-président et préside la Commission des retraites.

1887. — Congrès du Havre. — M. Vermont est nommé vice-président et préside la Commission des retraites.

1889. — Congrès national de Paris. — M. Vermont est nommé vice-président et rapporteur de la Commission des retraites. M. Allard est nommé secrétaire de cette Commission.

1890. — Congrès de Philippeville (Algérie). — M. Vermont est nommé vice-président du Congrès et président de la Commission des retraites.

1892. — Congrès national de Bordeaux. — M. Vermont est nommé vice-président du Congrès et rapporteur de la Commission des retraites. — M. Allard est nommé secrétaire du Congrès.

(1) Voir ce rapport aux annexes, page 126.

(2) Cet article interdit de faire partie de plusieurs Sociétés pour se constituer plus de 360 francs de pension, ce qui devrait être encouragé et non défendu. Ce même article retire l'approbation et tous ses avantages à la Société dont un seul membre ferait partie de plusieurs Sociétés pour s'assurer plus de 360 francs par an. Il a été formellement annoncé que le caractère draconien de cette dernière disposition serait adouci dans la pratique ; le texte de la loi reste à cet égard menaçant.

26

1893. — Congrès extraordinaire de Paris. — M. Vermont est nommé vice-
président du Congrès et président de la Commission des retraites.
1895. — Congrès national de Saint-Etienne. — M. Vermont est nommé vice-
président du Congrès et président de la Commission des vœux.
M. Allard est nommé secrétaire du Congrès.
1896. — Congrès de Saintes. — M. Vermont est nommé vice-président du
Congrès et président de la Commission des retraites.
1898. — Congrès national de Reims. — M. Vermont est nommé vice-président
du Congrès et rapporteur des principales propositions de la Commission des vœux. M. Allard est nommé secrétaire du Congrès.

Ajoutons que toutes les fois qu'un Congrès a été accompagné de
conférences, on a demandé à notre Président de faire la première (1),
et que toutes les fois qu'un congrès a nommé une délégation auprès
des Pouvoirs publics, notre Président en a fait partie.

Réunions plénières.

Notre Président ne s'est pas contenté de se prodiguer dans les Congrès mutualistes.

Appelé plusieurs fois aux réunions plénières, organisées successivement par divers groupes de mutualistes parisiens, à l'occasion du
projet de loi sur nos Sociétés, il s'est toujours fait un devoir de s'y
rendre et d'y prendre la parole en défendant, avec une éloquente
énergie, nos droits méconnus et notre indépendance menacée.

C'est ce qu'il fit notamment devant la Commission de la Chambre,
dans la réunion plénière, tenue le 14 janvier 1887, dans la salle des
conférences des chambres syndicales, rue de Lancry, sous la présidence d'honneur de M. Goblet, Ministre de l'Intérieur;

A la réunion plénière organisée par la Chambre consultative des
Sociétés de prévoyance, de secours mutuels et de retraite de la Seine,
tenue, le 20 décembre 1891, au Conservatoire national des arts et
métiers, sous la présidence de M. C. Pelletan, député;

A l'assemblée plénière du mois de mai 1893, tenue à la Sorbonne,
sous la présidence de M. Siegfried, député;

Aux assemblées plénières de l'Union nationale, tenues à la mairie
du IXe arrondissement, sous la présidence de M. Prevet, sénateur,
le 11 novembre 1894, le 12 mai 1895, et à diverses reprises en 1896,
1897 et 1898.

---

(1) Cette année, notre Président, malade à la suite d'un excès de fatigues, n'a pu
se rendre au Congrès de Toulouse.

L'assemblée de la Sorbonne eut une importance exceptionnelle. La Commission parlementaire, présidée par M. Ricard, multipliait ses efforts pour faire aboutir le projet de loi contre les Sociétés de secours mutuels présenté par l'unanimité de ses membres, et comme on était à la fin d'une législature, on pouvait craindre l'adoption du projet, soit par lassitude et pour aboutir, soit parce que ses auteurs le présentaient comme répondant aux désirs des mutualistes, alors qu'en réalité ceux-ci le repoussaient énergiquement, car il était contraire à leurs droits, à leur organisation et à leur liberté.

Plus de deux mille mutualistes de Paris s'assemblèrent dans le grand amphithéâtre de la Sorbonne. Un grand nombre de membres du Parlement : MM. Brisson, Aynard, Berger, Barodet, Jacques, etc., assistaient à la réunion présidée par M. Siegfried et dont les organisateurs demandaient la discussion immédiate du projet de loi, tout en proposant de le modifier beaucoup.

M. Vermont démontra avec tant de force la nécessité de remanier ce projet de fond en comble que, sur sa proposition, l'assemblée, par un vote unanime, demanda que la discussion en fût renvoyée à une autre législature.

On sait ce qu'il advint et comment, après le Congrès de Saint-Etienne et la conférence de Roanne, le projet fut enfin transformé d'une manière presque entièrement conforme à nos désirs.

Autres Congrès.

Les Assemblées mutualistes ne sont pas les seules auxquelles notre Président ait participé. Sans les énumérer toutes, nous rappellerons que, dans ces dernières années, il a présidé la réunion dans laquelle fut décidée la formation à Rouen d'une Société antialcoolique, et la conférence antipornographique du pasteur Comte, qui fut bientôt suivie du vote de la loi réclamée par le conférencier.

En 1896, il participa aux *Assises de Caumont* (1), en y faisant l'historique des Sociétés de secours mutuels de Rouen ;

En 1897, au Congrès *d'assistance publique* tenu à Rouen, dans lequel il démontra la supériorité de l'assistance préventive sur l'assistance publique et demanda qu'avant de constituer, même aux repris de justice, de nouveaux droits, par le seul fait de leur âge, on voulut

(1) Congrès normand, scientifique et périodique, ainsi nommé du nom de son créateur. Voir page 130 cet historique.

28

bien aider plus sérieusement les efforts et les retraites des vieillards
qui avaient été honnêtes et prévoyants (1).

Il participa également, en 1897, au Congrès de l'*Association pro-
testante* pour l'étude pratique des questions sociales, pour lequel
son concours avait été tout particulièrement sollicité, bien qu'il soit
catholique. Il a, dans ce Congrès, combattu le collectivisme et préconisé avec succès la Mutualité.

Le Président du Congrès, M. de Boyve, le présenta en ces termes :

« J'ai l'honneur de vous présenter un grand citoyen français.

« Au lendemain de nos désastres, il n'a songé qu'à une chose :
contribuer au relèvement de notre pays ; il a pensé qu'il fallait enseigner aux ouvriers la puissance de l'association, et aux détenteurs de la
fortune leur devoir envers les travailleurs. »

Puis il a salué en lui « l'Apôtre de la Mutualité ».

Pétitions.

La Constitution de la République française nous donne un certain
nombre de droits, notamment le droit de pétition dont on a le grand
tort de ne pas user.

Ce n'est pas à notre Président qu'un tel reproche peut s'adresser.

Pétitions d'intérêt général.

En 1881, en 1882, en 1886, en 1887, en 1891, en 1895 et en 1896,
il a adressé, soit aux Conseils généraux, soit au Parlement, de nombreuses pétitions, motivées très fortement, et qui, toutes, avaient pour
but la défense de nos intérêts financiers, et notamment la demande,
ou bien d'augmenter nos subventions, ou bien de maintenir le
taux de 4 1/2 pour nos dépôts, et celui de 5 ou de 4 1/2 o/o pour nos
pensions.

Ces demandes ont été reproduites dans toute la France par des mil-
liers de Sociétés ; elles ont obtenu les vœux favorables de cinquante-
quatre Conseils généraux.

Les travaux parlementaires démontrent que ces pétitions, à raison
même de leur persévérance, des motifs qu'elles faisaient valoir, du
grand nombre et de l'importance des adhésions qu'elles avaient ren-
contrées, n'ont pas été sans utilité auprès de la Chambre et du Sénat.

La pétition de 1895, qui fut suivie de plusieurs pétitions ana-

(1) Voir ce discours, page 121.

logues, avait une portée plus étendue. Les mutualistes en chambre, isolés dans le pays, mais tout puissants au Parlement, continuaient de trouver, comme en 1893, dans la Commission de prévoyance sociale, un appui grâce auquel ils espéraient imposer à la France mutualiste les dangereuses utopies, dont le Congrès de Saint-Etienne n'avait pas encore fait justice.

C'est pour protester contre elles et alors que la discussion du projet de loi contre les Sociétés de secours mutuels semblait imminente que M. Vermont rédigea cette nouvelle pétition qui notamment protestait :

Contre l'obligation de subir la spécialisation des cotisations;

Contre la transformation en papier des capitaux de nos Sociétés confiés à la Caisse des dépôts;

Contre le transfert au Ministère du Commerce du bureau de nos Sociétés ; (ce transfert, qui nous mettait sous la coupe des actuaires était si bien décidé, que les travaux d'aménagement étaient déjà en partie effectués) (1) ;

Contre l'obligation pour les Sociétés de changer leurs statuts, consacrés par le temps et par l'expérience.

La même pétition demandait aussi :

Qu'on augmentât les droits et les avantages des Sociétés autorisées;

Qu'on maintînt aux dépôts des Sociétés approuvées le taux de quatre et demi ;

Que la Commission supérieure de la Mutualité fut composée au moins pour moitié de présidents de Sociétés de secours mutuels.

La loi du 1er avril 1898 a fait complètement droit à toutes ces demandes, sauf en ce qui concerne l'obligation de modifier les Statuts, obligation qui a été cependant très adoucie.

En 1897, la Commission de prévoyance sociale, dont M. Siegfried venait d'être nommé Président, voulut bien entendre les délégués du Congrès de Saint-Etienne, dont notre Président faisait partie.

M. Siegfried, après cette entrevue, engagea M. Vermont à reproduire et à développer par écrit les désirs des mutualistes. C'est ce que fit notre Président par une nouvelle pétition adressée à la Commission de prévoyance à laquelle s'associèrent un grand nombre de Sociétés et que la *Réforme économique,* revue de quinzaine, et plusieurs journaux mutualistes reproduisirent.

Cette pétition, ou plutôt ce mémoire, remerciait et félicitait la Com-

(1) Il n'a pas eu lieu, grâce surtout aux démarches et aux efforts de l'Union nationale des présidents de Sociétés de secours mutuels.

mission des importantes réformes déjà obtenues et demandait avec force motifs, la *nécessité de les compléter*, notamment au point de vue financier, *ce qui a été fait*.

Pétitions d'intérêt local.

Notre Président a également adressé au Conseil général de la Seine-Inférieure des pétitions tantôt pour lui demander, en faveur de plusieurs des pétitions précédentes, un appui qui n'a jamais été refusé; tantôt pour solliciter de notre grande Assemblée départementale des preuves d'intérêt plus direct en faveur des Sociétés de secours mutuels du département.

C'est ainsi qu'après le Congrès de Rouen, il demanda et obtint que la subvention départementale fut élevée de 6,100 francs à 9,100 francs; plus tard, il fit observer qu'un minimum de répartition de 500 francs était insuffisant et obtint qu'il fut élevé à 1,000 francs, mais sans obtenir que le Conseil général de la Seine-Inférieure suivit l'exemple de l'Etat en tenant compte du nombre des membres participants de chaque Société, ce qui serait manifestement juste, car il n'est pas équitable que les droits proportionnels des sociétaires soient en raison inverse de leur nombre.

En 1889, l'année de l'influenza, notre Président demanda au Conseil général une subvention extraordinaire pour les Sociétés du département, atteintes par cette épidémie qui avait fait de très grands ravages. Cette demande, admise par la Commission, fut rejetée par le Conseil général, mais l'année suivante, M. le Préfet de la Seine-Inférieure proposa et obtint que la subvention annuelle fut élevée de 9,100 à 15,100 francs.

En 1897, notre Président adressa à M. le Préfet une nouvelle pétition, très motivée, demandant, avec l'élévation du maximum de répartition, que la subvention fut portée à 30,000 francs pour être élevée dans la suite à 100,000 francs. Le Conseil général, sur la proposition de M. le Préfet, éleva la subvention à 22,100 francs.

Conférences.

On peut évaluer à près de deux cents les discours et les conférences que notre Président a consacrés, depuis 1872, à répandre ou à défendre les Sociétés de secours mutuels, non seulement et souvent à plusieurs reprises dans les principales villes de la Seine-Inférieure et de l'Eure, mais dans une grande partie de la France : à Paris, à Lyon, à Marseille, à Bordeaux, à Lille, à Cherbourg, à Saint-Etienne, à Tours, à Saint-Quentin. à Bayeux, etc., etc.

Dans plusieurs cantons de la Seine-Inférieure, on avait inutilement essayé, à plusieurs reprises, de fonder une Société de secours mutuels.

Notre Président donna, dans le canton de Valmont, dix-huit conférences successives, et ce canton possède aujourd'hui deux Mutualités nombreuses et prospères. C'est également à la suite d'une série de conférences données par lui dans le canton de Longueville qu'on put établir dans ce canton une Société de secours mutuels. La Société de Goderville a été créée à la suite de conférences données dans chacune des communes du canton par notre Président ou notre Vice-Président, M. Christophe Allard.

Les conférences de M. Vermont ont été souvent imprimées, ce qui a permis de leur faire de fréquents emprunts. Les plus importantes sont celles qu'il donna :

En 1890, à Philippeville, sur la demande et en présence des délégués mutualistes de l'Algérie ;

En 1897, à Saintes, lors du Congrès dont M. Félix Faure, président de la République, présida la dernière séance ;

En 1898, à Marseille, devant quatre mille personnes et toutes les autorités de la ville, lors du cinquantenaire de la grande Société des commis et employés de Marseille.

Celle qui eut le plus de conséquences est celle qu'il donna à Roanne, sur la demande des Sociétés de la Loire, dont plus de soixante-dix Présidents vinrent l'entendre.

C'était à la suite du Congrès de Saint-Etienne, à la veille de la discussion du projet de loi sur nos Sociétés, peu de temps après la publication d'une brochure dans laquelle M. Vermont avait présenté un projet de loi intermédiaire entre celui de la Chambre et celui du Congrès. Les Présidents de la Loire, en présence de M. Audiffred, député de Roanne, rapporteur du projet de loi parlementaire, spécialement convié à cette conférence, donnèrent publiquement leur adhésion la plus complète aux déclarations et aux réclamations de notre Président. Plusieurs réunions privées eurent lieu avec les principaux d'entre eux, soit après la conférence, soit après le banquet qui suivit, et MM. Audiffred et Vermont arrêtèrent le texte d'une série d'amendements que, malheureusement, la Commission de prévoyance sociale ne voulut pas admettre, mais que la Chambre finit par imposer.

Ecrits.

Il est impossible d'énumérer tous les écrits que notre Président a consacrés à la Mutualité.

Il a publié sur les questions d'assistance et de prévoyance de très nombreux articles, non seulement dans la Presse locale, mais aussi dans :

La Prévoyance mutuelle, de Lyon.
L'Echo de la Mutualité, de Paris.
La Mutualité, de Marseille.
L'Echo girondin, de Bordeaux.
La Française, de Paris.
Le journal *les Coopérateurs français*, puis *Coopérateurs et mutualistes*, de Paris.
La Mutualité, de Paris.
Le Mutualiste lyonnais.
La mutualité méridionale, etc.

Un certain nombre de ses articles ont été reproduits dans des publications d'un caractère spécial.

Plusieurs Revues ont demandé sa collaboration et publié ses études. Nous citerons à cet égard :

La Revue des Institutions de prévoyance.
La Revue mutualiste.
La Revue du XX\u1d49 siècle.
La Réforme économique.
Le Bulletin de la Société industrielle de Rouen.

M. Vermont est également l'auteur des brochures suivantes, dont les principales ont été publiées, soit par MM. Guillaumin et C\u1d35\u1d49, soit par la Société industrielle de Rouen.

1882. — *Les retraites des travailleurs, les Sociétés de secours mutuels.*
1884. — *De l'admission des femmes dans les Sociétés de secours mutuels.*
1886. — *Le Parlement et les travailleurs.*
1887. — *Rapport à mes mandants ; étude sur le Congrès national de Marseille.*
1889. — *De l'obligation en matière de prévoyance.*
1890. — *Des pensions de retraite dans les Sociétés de secours mutuels, le fonds commun et le livret individuel.*
1890. — *Une Société de secours mutuels de province.*
1891. — *Le Projet de loi des retraites ouvrières.*
1892-1893. — *Deux brochures sur les taux d'intérêt et de capitalisation des Sociétés de secours mutuels.*

1893. — *Étude sur l'enquête décennale des établissements d'utilité publique de la Haute-Alsace;*

1893. — *Étude sommaire sur la situation légale des Sociétés de secours mutuels en France;*

1895. — *La Mutualité française, le Congrès de Saint-Étienne, le projet de loi contre les Sociétés de secours mutuels;*

1896. — *Réflexions sur le projet de loi des accidents du travail.*

1896. — *Notice historique sur les Sociétés de secours mutuels de Rouen, au XIXe siècle;*

1897. — *Supériorité de l'assistance préventive sur l'assistance publique;*

1898. — *Biographie de M. Besselièvre, contenant diverses études sur les questions sociales, notamment sur la participation des ouvriers aux bénéfices des patrons.*

Après ce que nous venons de rappeler, on ne sera pas surpris que notre Président reçoive chaque année par centaines, et parfois même de pays fort éloignés, tels que la Russie et l'Amérique, des demandes de toute nature sur la Mutualité, demandes de renseignements, de conseils, de conférences, parfois même d'arbitrage. Il se fait toujours un devoir d'y répondre.

On s'explique dès lors comment, en quelques jours, sur le simple envoi d'une circulaire qui était à elle seule, il est vrai la plus flatteuse des démonstrations à cause du nom des signataires, plus de 500 Sociétés de 44 départements aient tenu à se joindre à notre fête et à offrir à notre Président, au nom de la Mutualité française, un souvenir de leur reconnaissance pour le passé, de leur confiance en lui pour l'avenir.

Voici quelle fut cette circulaire, dont deux de nos membres honoraires, MM. Blanchet et Marcel Le Grand, Présidents des Sauveteurs d'Elbeuf et de l'Union de Fécamp, eurent la pensée et prirent l'initiative en recevant la nôtre.

MONSIEUR LE PRÉSIDENT,

Les membres de la Société de secours mutuels l'*Émulation chrétienne de Rouen*, se proposent de fêter avec éclat les noces d'argent de M. H. Vermont qui préside depuis 25 ans, avec un dévouement couronné par le succès, leur Société qu'il a transformée.

Il nous a paru qu'il y avait là, pour les *mutualistes pratiques*, une occasion de manifester leur estime et leur reconnaissance à M. Vermont qui est incontestablement un des hommes de France qui ont le plus fait, soit pour multiplier nos Sociétés, soit pour les développer et les perfectionner, soit pour les défendre. N'est-ce pas lui qui a formulé nos premières pétitions, multiplié ses conférences, éclairé l'opinion publique et le Parlement par ses écrits, pris une part toujours considérable et quelquefois décisive dans nos Congrès?

Il n'est pas, depuis 25 ans, une seule Société de secours mutuels de France qui ait fait vainement appel à son expérience et à ses conseils.

Nous espérons que vous voudrez bien vous associer à la fête mutualiste qui se prépare.

Nous vous proposons d'adresser à M. Vermont, à l'occasion de cette fête, une lettre de remerciements (1) que chacun rédigerait suivant son inspiration et dont la réunion formerait un album.

Nous vous proposons également de participer, ne fût-ce que pour la plus petite somme, à une souscription qui permettrait d'offrir à M. Vermont, un souvenir au nom de la Mutualité française.

Vous êtes prié d'adresser les lettres et les souscriptions à M. BLAN-CHET, président de la Société de secours mutuels des *Sauveteurs d'Elbeuf*, rue de Paris, Saint-Aubin-Elbeuf (Seine-Inférieure).

Veuillez agréer, mon cher Collègue, avec nos remerciements anticipés, l'expression de nos sentiments distingués.

Ch. BONNIOT, ✳, président du grand Conseil des Sociétés de secours mutuels des Bouches-du-Rhône, président de la Société des *Sauveteurs du Midi*;

BLANCHET, ✳, ❡, président de la Société de secours mutuels des *Sauveteurs d'Elbeuf*;

LE CADRE, ❡, président du *Syndicat des Sociétés de secours mutuels de la Loire-Inférieure*;

COUMIS, ✳, ❡, Conseiller général, président de la *Société de secours mutuels de Bayon* (Meurthe-et-Moselle), fondateur et vice-président du *Comité permanent* (Union nationale) *des Présidents de Sociétés de secours mutuels*;

Constant DEVILLE, ❡, membre du *Conseil supérieur du Travail* et de plusieurs Mutualités parisiennes;

DREUX, président du *Syndicat des Sociétés de secours mutuels d'Indre-et-Loire*;

E. DRUSY, ✳, président de la *Société communale de secours mutuels de la ville d'Arras*, ancien député et juge honoraire;

Louis DEBROUWER, ✳, président-fondateur de *l'Avenir*, association de secours mutuels des employés de Dunkerque, administrateur-fondateur du Comité régional des Sociétés de secours mutuels du Nord, Lille;

DUBUA, ❡, président du Congrès mutualiste du Havre, président de la *Société mutuelle de prévoyance des Employés de commerce du Havre*;

(1) Voir pages 90 et suivantes quelques-unes de ces lettres.

Th. Duhamel, ✿, secrétaire général de l'*Union des Sociétés de Seine-et-Marne*, président de la *Société de secours mutuels de Chailly-en-Bière* ;

Henry Fauchet, président de la *Société de secours mutuels des Usines de Navarre*, Evreux ;

Dʳ Gyoux, ✳, ✿, président du *Congrès national mutualiste de Bordeaux* et du *Syndicat girondin des institutions de Prévoyance*, Bordeaux ;

Eugène Joly, ✿, président du *Congrès national mutualiste de Saint-Etienne* (Loire);

Jules Lehoult, ✳, président de la *Société de secours mutuels de Saint-François-Xavier, de Saint-Quentin* (Aisne) ;

Marcel Le Grand, C ✠ ✠ ✠ ✠, président de la Société de secours mutuels l'*Union des Ouvriers et Employés de Fécamp* (Seine-Inférieure) ;

Th. Monbrun, ✳, président du *Congrès mutualiste de Philippeville*, bâtonnier de l'Ordre des avocats, président du Conseil général de la province d'Oran ;

Montmeterme, ✿, président de l'*Union des Sociétés de la Loire* ;

Claude Poirier, président-fondateur de la Société de secours mutuels l'*Alliance mutualiste*, Union des Sociétés de secours mutuels ; secrétaire général du *Comité général de la mutualité des Bouches-du-Rhône* ;

C. Rogez, conseiller général, président de la Société de secours mutuels *Saint-Maurice*, Fives-Lille (Nord).

L'envoi de cette circulaire et le nom de ses signataires donnaient à notre fête un éclat inattendu. Bien qu'elle eût été envoyée au dernier moment, il y fut répondu, comme on le verra, d'une manière qui a dépassé tout ce que nous aurions pu supposer.

III

FÊTE DU 4 AVRIL 1897 (1)

Pour conserver à la fête que nous projetions un caractère exclusivement mutualiste, il fut décidé qu'on ne ferait aucun appel par la voie de la presse. Une lettre manuscrite fut adressée aux autorités ; nos sociétaires et un certain nombre de Sociétés étrangères furent prévenues par les circulaires que nous venons de reproduire.

La Messe.

L'Emulation chrétienne de Rouen fait célébrer chaque année à Saint-Maclou, pendant l'hiver, une messe pour les sociétaires décédés. On ne crut pas devoir déroger à cet usage dans un jour consacré à la reconnaissance, aussi, le 4 avril 1897, une foule nombreuse encombrait-elle, un peu avant midi, les abords de cette église.

Le chœur, bien qu'il fût entièrement rempli de chaises, se trouva trop étroit pour contenir la foule de Présidents et de délégués étrangers qui étaient venus, quelques-uns de fort loin, se joindre à nos fonctionnaires.

MM. Benoist, ténor ; Maupas, baryton ; Bleuset, violoniste ; Pinoël, organiste, et la chorale de l'Emulation chrétienne, dirigée par M. Lemire, exécutèrent avec talent pendant la messe les morceaux suivants :

Marche (Guilmant), par M. Pinoël.
Sanctus (Saintis), par la Chorale.
Panis angelicus (Franck), par MM. Maupas et Bleuset.
Invocation (Pinoël), par M. Bleuset.
Ave verum (Dubois), par M. Benoist.
Tantum ergo (Laurent de Rillé), par la Chorale.

M. l'abbé Gilles nous adressa une éloquente allocution dans laquelle développant cette pensée : « Il n'y a de succès durable que ce qui est inspiré et soutenu par Dieu », il en fit une heureuse application à la Société, à ses fondateurs et à son Président.

(1) Cette fête a été préparée par une Commission composée de MM. E. Niel, Président ; G. Boulet, ✳, Vice-Président ; Bellest, Secrétaire ; Poussin, trésorier ; Gadeau de Kerville, A. Lerebours et L. Le Picard, Membres du Conseil honoraire, et de MM. Ch. Allard, Harel, Frenoir père, Vice-Présidents ; Trouvé, Secrétaire ; Vauquelin, trésorier ; Hébrard, Trésorier-Adjoint, et Pigot, Membre du Conseil administratif.

La sortie s'effectua pendant que M. Pinoël exécutait brillamment sur le grand orgue la *Marche héroïque*, de Dubois.

L'Assemblée générale.

Aussitôt après, sociétaires et invités se rendirent, drapeaux en tête, à la salle des Augustins, dont M. Arsène Sannier, O ✳, vice-président de la Société d'horticulture et M. Cunliffe, tapissier, avaient gracieusement décoré le portique et l'intérieur.

A une heure, M. le vicomte de Montfort, ✳, député de la Seine-Inférieure, prend place au fauteuil de la présidence. On remarque à ses côtés : M. Papin, ✳, vice-président du Conseil de préfecture, représentant le Gouvernement de la République ; M. Ernest Deshayes, ✳, adjoint, représentant la municipalité de Rouen ; M. Paul Dussaussoy, député du Pas-de-Calais, un des plus zélés défenseurs de la Mutualité au Parlement ; M. Lerolle, conseiller municipal de Paris et président de la Société municipale des Invalides et de l'Ecole militaire ; M. Rogez, conseiller général de Lille et président de l'Union des Sociétés de secours mutuels du Nord ; M. Knieder, ✳, conseiller général de la S.-Inf. ; M. Louis Deschamps, conseiller d'arrond. de l'Eure ; MM. Besselièvre, ✳, et Suchetet, conseillers d'arrond. de la Seine-Inférieure et présidents de l'Emulation chrétienne de Maromme et de la Société du canton de Goderville ; Boniface, ancien membre de la Chambre de commerce de Rouen, président de l'Emulation chrétienne de Sotteville ; Robert, ✳, conseiller municipal de Rouen, administrateur de l'Alliance ; Dugua, ✳, président du Congrès mutualiste du Havre et de la Prévoyance mutuelle de cette ville ; Blanchet, ✳, président des Sauveteurs d'Elbeuf ; Marcel Le Grand, C ✠✠✠, sous-directeur de la Bénédictine et président de l'Union des ouvriers et employés de Fécamp, et beaucoup d'autres présidents de Sociétés de secours mutuels, ainsi que les membres du bureau des deux Conseils de l'Emulation chrétienne de Rouen ; MM. E. Niel, président du Conseil honoraire ; Gaston Boulet, ✳, vice-président du Conseil honoraire, membre de la Chambre de commerce ; Turpin, ✳, membre de la Chambre de commerce et du Conseil honoraire, président de la Société industrielle et du Syndicat des liquides, Christophe Allard et Harel, ✳, vice-présidents d'administraiion, etc.

La Chorale de l'Emulation chrétienne chante le chœur : *Provence*, de Laurent de Rillé.

M. de Montfort remercie les personnes qui, en si grand nombre, sont venues prouver l'intérêt qu'elles attachent aux questions mutualistes et leur sympathie pour celui qui en est depuis si longtemps en France, un des représentants les plus dévoués.

Les lettres d'excuses sont à la fois très nombreuses et très flatteuses ; l'honorable député en lit deux seulement que les vice-présidents viennent de lui remettre et dont il est très heureux de donner connaissance.

La première est celle de M. Barthou, Ministre de l'Intérieur, elle est ainsi conçue :

« Paris, le 2 avril 1897.

« MESSIEURS,

« Vous avez bien voulu m'inviter à me faire représenter à la solennité que prépare la Société de secours mutuels « l'Emulation chrétienne » à Rouen, pour fêter les noces d'argent de M. Vermont, son président.

« J'ai l'honneur de vous faire connaître que l'administration sera représentée à cette cérémonie par M. le Préfet de la Seine-Inférieure.

« Recevez, Messieurs, etc. »

Lettre de M. Hendlé, préfet de la Seine-Inférieure.

Rouen, le 11 mars 1897.

« MONSIEUR LE VICE-PRÉSIDENT,

« Devant commencer à la fin de ce mois, jusqu'au 10 avril, sans discontinuer, ma tournée de révision, il m'est impossible, à mon grand regret, de prendre un engagement pour le dimanche 4 avril, mais pour déférer à la démarche très gracieuse faite auprès de moi par le Bureau de « l'Emulation chrétienne », et pour donner à M. Vermont un témoignage de haute considération, en raison des longs et éminents services qu'il a rendus à la Mutualité, j'ai prié M. Papin, vice-président du Conseil de préfecture, de vouloir bien me représenter à la réunion plénière, le dimanche 4 avril.

« Veuillez agréer, etc. »

La lecture de ces lettres est suivie d'applaudissements.

M. de Montfort nous adresse le beau discours que voici :

« MESDAMES ET MESSIEURS,

« Puisque votre honorable Président a bien voulu me faire le très grand honneur de me convier à le remplacer aujourd'hui à la présidence de cette assemblée, j'ai le devoir de vous faire connaître le but et l'objet spécial de cette réunion, dont le souvenir devra demeurer dans vos cœurs comme une date mémorable dans l'histoire de la Mutualité.

« C'est, je puis le dire, la fête d'un homme et surtout la fête d'une idée.

« Nous célébrons, en effet, aujourd'hui, Mesdames et Messieurs, les noces d'argent de votre honorable et respecté Président, de celui qu'on a appelé, depuis longtemps et avec raison « l'Apôtre de la Mutualité », de l'homme éminent qui, depuis un quart de siècle, consacre son talent, et aussi la meilleure part de son cœur à répandre et à développer, dans toute la France, cette idée si haute et si noble, que nous célébrons aujourd'hui, tout en soutenant et en faisant prospérer, parmi vous, par son zèle infatigable, cette œuvre patriotique et féconde qui vous unit, l'Émulation chrétienne de Rouen.

« Et au milieu de quelles difficultés ? Ceux-là seuls qui l'ont secondé et qui ont lutté avec lui, dès la première heure, pourraient vous le dire.

« Car, il ne faut pas l'oublier, Messieurs, les Sociétés de secours mutuels ont trouvé jusqu'à présent sur leur chemin plus d'éloges que d'appuis.

« Oh ! sans doute, les éloges ne leur ont pas manqué, c'est de toutes les formes d'encouragements la plus économique et celle qui exige le moins d'efforts.

« Sans doute, le Parlement a maintes fois affirmé son désir d'être utile aux classes laborieuses, en favorisant, par des mesures bienveillantes, toutes les Sociétés qui réunissent dans une pensée humanitaire l'élite des travailleurs.

« Mais vous le savez, Messieurs, la législation qui les régit est encore étroite et insuffisante.

« Bien des obstacles s'opposent à leur développement et à leur progrès.

« Vous-mêmes, Messieurs, vous avez trouvé, malgré vos efforts, bien des difficultés pour arriver à l'amélioration, pourtant si légitime, de vos statuts.

« Le véritable remède serait sans doute, comme l'a si souvent et si éloquemment démontré votre Président, la liberté qu'on vous refuse, ou plutôt qu'on ne vous accorde que trop parcimonieusement.

« C'est à l'obtenir, Messieurs, que vous devez tendre, et, dans cette voie, l'appui de tous les hommes de cœur ne saurait vous manquer, pas plus à la Chambre que dans le pays ; car l'idée mutualiste est essentiellement basée sur le principe, fécond entre tous, de la liberté individuelle, ayant pour corollaire celui de la propriété.

« De toutes les propriétés, la plus respectable n'est-elle pas, à coup sûr, celle qui est le prix de la bonne conduite et de l'épargne ?

« Et on peut dire par conséquent, Messieurs, et affirmer hautement, que le véritable moyen de combattre la misère, c'est de développer les vertus personnelles, d'exciter et de récompenser la volonté, en faisant comprendre à chacun la grandeur du devoir social qui incombe à tous, d'aider, par des mesures sagement progressives, au développement des associations de prévoyance, en se souvenant que toute atteinte à la liberté et à la dignité de l'homme est une diminution de la richesse et de la moralité publique.

« C'est ainsi, et seulement ainsi, croyez-le bien, qu'on obtiendra la régénération sociale.

« Certes, Messieurs, les œuvres de la charité sont admirables, qui ont pour but de secourir celui qui tombe dans la lutte pour la vie ; mais celles de l'association et de la Mutualité sont plus hautes encore, qui ont pour objet de fortifier et de soutenir dans l'épreuve l'ouvrier, le travailleur, de relever le moral de celui qui souffre et combat vaillamment.

« C'est, Messieurs, à accroître cette puissance, cette force morale, que nous devons travailler ensemble, tous, riches et pauvres, forts ou faibles, par cette école mutuelle des bonnes mœurs et des efforts intelligents.

« C'est l'œuvre que vous poursuivez courageusement, guidés, depuis vingt-cinq ans par celui que nous fêtons aujourd'hui et qui a voué sa vie à cette noble entreprise.

« En terminant je dis, du fond du cœur, et au nom de tous : Honneur à vous, les mutualistes, et honneur à votre Président, M. Vermont. »

Ce remarquable discours, maintes et maintes fois applaudi, produit le plus grand effet.

M. Harel, deuxième vice-président d'administration et seul survivant des membres de la Société ayant le titre de fondateur, lit le rapport suivant :

« Mesdames, Messieurs,

« J'ai la satisfaction de vous annoncer que l'année qui vient de s'écouler a été heureuse pour nous, comme toutes celles qui l'ont précédée, depuis que nous avons le bonheur d'avoir M. Vermont comme président.

« En 1896, nous avons eu 523 admissions nouvelles, ce qui, malgré les décès et les démissions, élève le nombre de nos sociétaires à 3,806.

« Les recettes ont été de 111,615 fr. 23, ce qui, malgré 74,277 fr. 71 de dépenses, laisse un boni de 37,337 fr. 52, qui élevait au 1ᵉʳ janvier dernier notre avoir à 717,117 fr. 86. »

« Mesdames, Messieurs,

« Au nom de la Commission des récompenses, j'ai l'agréable mission de vous signaler le mérite de ceux d'entre nous qui se sont le plus particulièrement distingués récemment par leur dévouement et leurs services.

« Tous les deux ans (1), un prix fondé par M. de Bonnechose, ✶, conseiller à la Cour des comptes, en mémoire de son oncle, Mgr le cardinal de Bonnechose, est décerné à celui d'entre vous qui a présenté depuis cinq ans le plus de sociétaires.

« MM. les vices-présidents Boyenval et Desmarest, bien qu'ayant 25 et 27 présentations, ont été dépassés par MM. Hazard et Louis Le Picard, directeurs de la filature Saint-Paul qui, imitant un exemple déjà donné par Mᵐᵉˢ Vermont et Lainé et par M. Gadeau de Kerville, membre du Conseil honoraire, nous ont présenté 63 de leurs ouvriers et de leurs ouvrières, dont ils ont respecté la liberté en les laissant libres de choisir la Société qu'ils préfèrent et en prouvant leur générosité, car ils payent avec le droit d'entrée une partie des cotisations. Honneur, Messieurs, à de tels patrons, et espérons que leur bel exemple trouvera beaucoup d'imitateurs (2). (*Applaudissements.*)

« Cependant, ce n'est pas encore à eux que le prix appartient, un sociétaire participant, M. Morel (Léonard), inspecteur de malades, a 64 présentations. C'est donc lui que j'invite à recevoir ce beau prix.

« En terminant, j'ajouterai un mot. Il y a parmi nous un homme

(1) A partir de 1900, ce prix sera décerné tous les six mois.
(2) Cet exemple a été suivi depuis par MM. Lemarchand et Cⁱᵉ.

qui ne s'est pas contenté de nous donner depuis 25 ans, son temps, son travail, son argent, mais qui a été l'infatigable recruteur de la Société.

« Nous lui devons 276 participants, 1,883 membres honoraires, donateurs et bienfaiteurs, c'est-à-dire qu'au 1er janvier dernier, il avait fait entrer dans notre caisse plus de 550,000 fr. et dans notre Société, 2,159 sociétaires (1). Ai-je besoin de vous dire que c'est notre cher Président et je le remercie en votre nom à tous. (*Vifs applaudissements*).

Prix offert par la Société.

Médaille de vermeil.

« Pour être candidat à ce prix, il faut avoir la médaille d'argent depuis au moins quatre années.

« Les candidats élus à deux degrés étaient MM. Caron et Anne, le premier visiteur des malades à Blosseville-Bonsecours; le second, même fonction, et membre du Conseil administratif. M. Caron (Hippolyte), ayant obtenu la majorité, est le lauréat de la médaille de vermeil.

MM. Morel et Caron viennent successivement sur le théâtre, au milieu des applaudissements, recevoir les médailles et les diplômes qui leur ont été décernés.

M. de Montfort paie un juste tribut de regret aux sociétaires récemment décédés et notamment à Mme A. Lerebours, bienfaitrice; au docteur P. Hellot, à M. Léon Malfilâtre, à Mme Fournout, donateurs, et à M. G. Leroux, inspecteur des malades.

On vote le versement de 10,000 fr. à la Caisse des retraites.

L'admission à la pension de retraite ou à une augmentation de pension de 15 sociétaires y ayant droit pour le trimestre.

L'admission définitive de 201 sociétaires, dont 179 participants.

Le titre de Bienfaiteur est décerné à MM. Besselièvre, ✿, conseiller d'arrondissement; Quesnel père; G. Lenormand; E. D.; à une anonyme; à Mme Bobée et à Mme la baronne Levavasseur.

M. Paul Allard, membre du Conseil honoraire, et M. Maurice Lebon, député, sont nommés donateurs.

La Chorale chante le *Rendez-vous de chasse*, de MM. Hagny et Peny.

Puis la parole est donnée à M. Vermont.

(1) Au 1er octobre 1899, ces chiffres s'étaient élevés à plus de 600,000 francs et à 2,361 sociétaires.

DISCOURS DE M. VERMONT
Président.

« MESDAMES,
« MESSIEURS,

« Tout mandataire doit compte de son mandat, c'est pourquoi chaque année, nous vous faisons connaître les résultats de notre gestion.

« Permettez-moi d'étendre aujourd'hui ce compte rendu, de jeter un coup d'œil en arrière et d'examiner en son ensemble l'œuvre que, depuis vingt-cinq ans, nous nous sommes efforcés d'accomplir. Vous pourrez apprécier ainsi plus facilement les principes qui nous guidaient, le but que nous avons poursuivi, les moyens que nous avons employés, les résultats qu'il nous a été permis d'atteindre, soit pour notre Société, soit pour la Mutualité française toute entière.

« Lorsque, en 1871, vous m'avez placé à votre tête, l'Emulation chrétienne de Rouen, si brillante à ses débuts, périclitait beaucoup.

« Le zèle de mon prédécesseur n'avait pu empêcher une décadence qui s'accentuait de plus en plus chaque année. Les admissions devenaient rares, les ressources diminuaient, le budget était inquiétant. On avait été forcé d'ajourner et d'amoindrir les promesses faites aux sociétaires. Un sobriquet ridicule, résumant cette situation lamentable, semblait indiquer que notre Société avait perdu jusqu'à son nom.

« Cependant, semblables au capitaine qui aime mieux mourir à son bord que d'abandonner son navire, les fondateurs dont M. Harel est aujourd'hui le dernier survivant, et les fonctionnaires dont le dévouement croissait avec les difficultés, n'admettaient pas que leur œuvre pût disparaître.

« M. Ed. Leroy me demanda en leur nom de tenter ce qu'il n'avait pu accomplir, en donnant à leurs efforts une direction nouvelle.

« J'acceptai, et je dois avouer que je ne l'aurais sans doute pas fait si j'avais su quelle tâche j'allais entreprendre et quels sacrifices elle devait me coûter.

« Mais la démarche de ces braves cœurs m'avait touché, et puis j'étais jeune, sans enfants, soutenu par une femme généreuse, vaillante, et qui aime comme moi passionnément la France. Nous étions au lendemain de nos désastres. Il me sembla que rien de ce qui pouvait aider mon pays ne devait se refuser.

44

« J'acceptai donc en vous déclarant que tant que j'aurais votre confiance, vous pourriez compter sur mon dévouement.

« Vous savez si j'ai tenu parole, et voici comment, avec votre concours, nous avons relevé notre Société.

« Il fallait tout d'abord lui rendre dans l'estime publique le rang qu'elle avait jadis occupé.

« La transformation de la salle des Augustins, l'amélioration de nos concerts populaires, le succès d'un concert artistique annuel et de nombreuses conférences données avec le concours d'avocats, de professeurs et de savants distingués, la rédaction plus soignée de circulaires plus fréquentes et le bienveillant concours de la presse, nous permirent en peu d'années d'obtenir ce résultat.

« Je m'étais en même temps livré à une étude sérieuse des questions graves et complexes que nous cherchons à résoudre, et que les personnes, infatuées d'elles-mêmes, tranchent avec une si dangereuse facilité. J'arrivai peu à peu à cette conviction que la Mutualité exige à la fois du sentiment et du calcul, et qu'elle est appelée à résoudre, d'une manière pacifique et féconde, le triple et redoutable problème de l'invalidité résultant de la maladie, des accidents et de la vieillesse.

« La Mutualité ne se contente pas de prévenir la misère par l'effort souvent difficile et par cela même méritoire de ceux qui en sont menacés, elle convie et réunit dans ce noble but tous ceux que la différence de situation ou d'opinion divise trop souvent ailleurs; elle est le terrain neutre où tous les hommes de cœur se rencontrent; elle contribue puissamment, par l'union des citoyens, à la paix sociale, et par cela même à la puissance et à la grandeur de la patrie.

« A ces bienfaits déjà si grands, elle en joint un autre.

« Elle est la seule barrière qui puisse arrêter l'effrayant et incessant accroissement des dépenses de l'Assistance publique, et l'augmentation, plus effrayante encore, de ceux qu'elle enrégimente dans cette immense armée des déclassés et des découragés qui ne font plus d'efforts parce qu'ils n'ont plus d'espérance, et qui, après avoir été la charge et le fléau d'une nation, peuvent en devenir la menace et le danger.

« Les Sociétés de secours mutuels, œuvres de prévoyance, diffèrent beaucoup des Sociétés d'assistance ou de charité.

« Elles ne sont pas seulement une école d'épargne, d'union, de tolérance, mais aussi d'énergie et de persévérance. Les secours considérables qu'elles répandent ne sont rien auprès des efforts qu'elles exigent et des vertus qu'on leur doit.

« D'ailleurs, on ne peut donner que ce qu'on a. Si on veut obtenir d'une Société de secours mutuels des avantages importants, il faut qu'elle ait des ressources sérieuses. Nous sommes loin de comprendre suffisamment en France la supériorité de l'assistance préventive sur l'assistance publique; il faut donc que l'insuffisance des subventions soit compensée par le nombre et l'importance des cotisations des membres honoraires qui, en se joignant à nous, accomplissent un véritable devoir patriotique et social.

« Enfin, pour que l'Institution ne perde pas son caractère de Société de prévoyance, il faut que, presque toujours, l'augmentation des avantages de la Société soit facilitée par une augmentation de la cotisation des sociétaires participants.

« Persuadé de ces vérités, j'eus le bonheur de les faire comprendre.

« Dès la première année de ma présidence, le chiffre des cotisations honoraires s'éleva de 3,978 fr. à plus de 5,000 fr.; au bout de six ans, il dépassait 12,000 fr., et devait s'élever plus encore.

« Une quête annuelle, pour laquelle j'obtins des concours précieux, vint accentuer ce progrès, qui bientôt se compléta par des dons de plus en plus multipliés.

« L'augmentation de cotisation des participants présenta plus de difficultés. La plupart de nos sociétaires sont des ouvriers, beaucoup sont chargés de famille ; on s'explique très bien qu'ils aient d'abord reculé devant une augmentation des charges qu'ils s'imposaient eux-mêmes. Aussi n'avons-nous jamais voulu les violenter. L'augmentation de leurs cotisations s'est faite progressivement, petit à petit, sans jamais obliger les anciens sociétaires à la subir. Au début, ils s'y refusaient presque tous, mais avec le temps ils ont mieux compris le grand intérêt qu'il y avait pour eux à payer une cotisation plus forte pour s'assurer des avantages plus grands.

« C'est ainsi que les cotisations se sont élevées : pour les femmes, de 10 fr. 20 à 18 fr. et 24 fr.; pour les hommes, de 13 fr. à 21 fr. 60 et 30 fr.

« L'augmentation de ressources résultant de ces diverses causes eut pour conséquence l'accroissement des subventions, et nous pûmes ainsi, non seulement augmenter les avantages de nos sociétaires (1), mais aussi l'importance de notre capital social, car il fallait

(1) Voir pages 105 et suivantes et, *in fine*, les tableaux synoptiques et comparatifs.

bien prévoir qu'à un moment donné les préventions, dont notre Société était l'objet, finiraient par disparaître et que les demandes d'admission se multiplieraient; aussi nous sommes-nous fait un devoir de constituer pour l'avenir un capital de prévoyance assez important pour garantir tous nos engagements.

« Que vous dirai-je? L'Emulation chrétienne de Rouen, depuis 1871, s'est augmentée de 1,600 membres; l'âge moyen des sociétaires s'est abaissé de 9 ans pour les hommes et de 13 ans pour les femmes; nos dépenses annuelles se sont élevées de 28,000 fr. à 74,000 fr., mais nos recettes grandissaient plus encore, et nous possédons aujourd'hui 723,000 fr. au lieu de 181,000 fr. (1).

Modifications statutaires.

« Ce n'était là que la moitié de notre tâche.

« Nos statuts et notre règlement laissaient beaucoup à désirer; l'amélioration des ressources m'avait gagné de plus en plus la confiance et facilitait les réformes, en permettant d'augmenter les avantages. Dès 1876, je proposai de réviser les statuts.

« Deux écueils se présentaient : il fallait éviter de froisser les anciens sociétaires, il fallait aussi ne rien promettre qui ne fût définitif. Les déceptions du passé avaient rendu les membres du Conseil craintifs, et, loin de les blâmer, j'admirais la délicatesse avec laquelle ils se refusaient souvent d'abord à approuver des améliorations dont ils auraient été les premiers à profiter.

« Aussi avons-nous procédé avec une extrême circonspection. Bien plus, quand une amélioration de principe était décidée, on n'en voyait l'application que d'une manière d'abord insuffisante, afin que l'expérience confirmât la théorie, et qu'on pût apprécier par le résultat l'exactitude des prévisions.

« Notre principal effort se porta sur les pensions de retraite; elles étaient seulement de 30 fr., et les hommes seuls y avaient droit. Nous les avons élevées peu à peu, et je compte parmi les jours les plus heureux de ma vie celui où j'eus la satisfaction d'annoncer à nos vieux sociétaires qu'ils toucheraient les 100 francs qu'on leur avait anciennement promis.

« Mon bonheur fut également très grand lorsque les hommes con-

(1) Tous nos progrès se sont beaucoup accentués depuis deux ans : aujourd'hui, nous sommes plus de 4,300 sociétaires, et notre avoir dépasse 850,000 fr.

sentirent, peu de temps après, à faire sur leur capital un prélèvement considérable, en admettant les femmes au bienfait de la retraite, et en créant pour celles qui étaient trop âgées un droit de vieillesse.

Nous avons ensuite créé une pension supplémentaire proportionnelle pour les retraités qui avaient plus de vingt ans de société.

« Enfin, nous avons abaissé, à plusieurs reprises, l'âge d'admission à la pension. En 1901, nos sociétaires auront droit à la retraite à 57 ans, avec 32 fr. de pension, plus la pension supplémentaire, et déjà la pension augmente progressivement tous les ans, jusqu'à ce qu'elle égale 10 ans de cotisation par an, ce qui a lieu dès à présent au plus tard à 65 ans.

« Nos sociétaires peuvent, en payant 30 fr. et 24 fr. de cotisation, s'assurer **540 fr. de rente par ménage**.

« Il serait trop long d'énumérer en détail tous les progrès que douze remaniements successifs de nos statuts et de notre règlement nous ont permis de réaliser.

« Voici les principaux :

« Le droit d'entrée était uniforme, nous l'avons gradué suivant les années, et nous avons exigé que toute demande d'admission fût accompagnée d'un certificat de bonne santé que nos médecins délivrent gratuitement.

« Nous avons élevé progressivement le chiffre des cotisations sans jamais l'imposer aux anciens sociétaires, et nous avons créé deux cotisations facultatives, en permettant à chacun de choisir celle qu'il préfèrerait, avec le droit de passer toujours de la plus élevée à la moindre, afin de ne pas obliger à nous quitter ceux qui ne pourraient plus payer la cotisation la plus forte.

« Nous avons admis les enfants à faire partie de la Société dès l'âge de 6 ans; diminué progressivement leur cotisation d'après leur âge et leur nombre, afin de faciliter l'épargne dans les familles nombreuses; nous avons ajouté la gratuité du dentiste à celle du médecin et du pharmacien ; nous avons augmenté l'indemnité de maladie, non seulement pour le malade, mais aussi pour ses jeunes enfants.

« Nous avons créé de nouveaux droits pour les octogénaires, pour les femmes que leur âge avancé n'avait pas permis d'admettre à la retraite, pour les enfants des sociétaires veuves, pour les orphelins.

« Le bienfait des pensions de retraite a été accordé aux femmes, l'âge d'admission à la retraite diminué, le chiffre des pensions a été élevé du minimum légal à son maximum.

« Nous avons créé un droit de naissance encore bien insuffisant,

mais que nous espérons augmenter bientôt, car la grossesse et l'accouchement doivent avoir les mêmes droits que la maladie (1).

« Enfin une souscription, à laquelle ont pris part les participants
comme les membres honoraires, nous a permis de créer une caisse de
prêts d'honneur, qui a déjà rendu les plus grands services (2).

« Vous savez que si, depuis quelques années, je n'ai pas toujours
eu la satisfaction d'obtenir pour mes collaborateurs les récompenses
qu'auraient dû leur assurer, ce me semble, l'importance et la durée
de leurs services, notre Société a conquis une telle renommée, que
son mérite a été reconnu par les jurys de toutes les Expositions ; que
nous recevons de continuelles demandes de renseignements, non seulement de toutes les parties de la France, mais aussi des nations qui
nous entourent, et même de la Russie et de l'Amérique, et qu'enfin
l'Émulation chrétienne de Rouen a reçu de la Société française de
Tempérance, de l'Académie de Rouen et de la Société Industrielle
de Rouen des distinctions qui n'ont été décernées à aucune autre
Société (3).

« C'est à cette même renommée que j'attribue les innombrables demandes qui m'ont été faites, soit pour les conférences que j'ai données
presque dans toute la France, soit pour les articles et les études que
m'ont demandés la plupart des journaux et des revues qui s'occupent
spécialement des questions de prévoyance et de Mutualité.

(1) Un don de 50,000 fr., fait par M. et Mme Guéroult, ayant répondu à cet appel,
nous avons élevé le droit de naissance à 30 et à 50 fr. Cette mesure est complétée
par la souscription du Cinquantenaire, ouverte dans le but d'étendre à la grossesse
et à l'accouchement les secours pharmaceutiques.

(2) Le fonctionnement de cette caisse prouve que nos sociétaires sont l'élite de
la population. Sur plus de 100 prêts faits en 1867 et en 1868, il n'a été perdu
que 125 fr., encore est-ce à la suite de deux décès. Un grand nombre de rem-
boursements ont été faits avant l'échéance. En présence de tels résultats, le maximum des prêts a été porté de 100 fr. à 150 fr., puis à 200 fr.

Si notre caisse de prêts d'honneur continue de justifier aussi bien son titre,
notre Président proposera, quand elle aura dix ans d'existence, de l'agrandir et de
décupler le maximum des prêts, afin que nous puissions aider à s'établir les
enfants et petits-enfants de nos sociétaires, quand ils présenteront des garanties
intellectuelles et morales suffisantes.

(3) Depuis ce discours, l'Émulation chrétienne de Rouen a reçu, en deux ans, la
première des récompenses (dont *trois grands prix*), à quatre Expositions successives.

Elle vient de recevoir en 1899, de la *Société d'Encouragement au bien*, la
Couronne civique, qu'aucune Société de secours mutuels n'avait encore
obtenue.

« Plusieurs revues économiques et d'un caractère moins exclusif, m'ont également fait l'honneur de m'adresser des demandes analogues, et la presse parisienne a plus d'une fois signalé, avec une extrême bienveillance, les brochures que j'ai fait paraître à diverses reprises sur les questions qui nous intéressent.

« C'est surtout à partir de 1882 que j'ai étendu le cercle de mes travaux. Jusqu'à cette époque, semblable au laboureur penché sur son sillon, qui perçoit à peine les bruits d'alentour, je ne m'étais guère occupé que d'améliorer notre Société.

« Les projets de loi, dont la Mutualité était l'objet, me firent penser qu'il fallait étendre mes regards et élargir mes études. De là les pétitions dont je pris tant de fois l'initiative, soit pour solliciter de notre assemblée départementale l'augmentation et une meilleure répartition des subventions, soit pour demander au Parlement et à tous les Conseils généraux de sauvegarder les droits et les intérêts de nos Sociétés.

« Ces pétitions, vous le savez, n'ont pas été inutiles. Toutes les Sociétés de notre département ont profité des premières, et les autres, qui étaient d'un intérêt général, ont obtenu les vœux favorables de cinquante-quatre Conseils généraux, qui se sont associés à nous pour demander qu'on maintînt à nos dépôts le taux de 4 1/2 o/o, et qu'on rendît à la constitution de nos pensions le taux soit de 4 1/2, soit même de 5 o/o.

« C'est peut-être dans les Congrès que notre renommée a été le plus appréciée.

« Vous vous souvenez que c'est ici, dans cette salle, que fut émise, en 1882, la pensée de tenir à Rouen un Congrès mutualiste.

« Tous les Présidents des Sociétés de secours mutuels de notre ville, qui étaient alors étroitement unis, applaudirent à cette pensée, et se joignirent à moi pour la réaliser.

« J'avais demandé que les mutualistes de la Seine-Inférieure et de l'Eure voulussent bien donner leur appui aux projets de loi que le Gouvernement de la République venait de déposer en notre faveur, et c'est ce qui fut fait. On vota de plus, sur ma proposition, un vœu demandant que 2 millions fussent mis à la disposition du Ministre de l'Intérieur pour augmenter nos subventions. C'était l'idée première des subventions compensatrices que je devais reprendre et préciser en 1895, et que je considère comme le seul moyen pratique d'obtenir, pour nos dépôts et nos pensions, le taux de 4 1/2 o/o.

« Le Congrès de Rouen fut utile à beaucoup d'autres points de vue : nous lui devons l'augmentation de nos subventions municipales et départementales, et il fut dans notre ville le point de départ d'une extension nouvelle et considérable des Sociétés de secours mutuels.

« Son succès et ses heureuses conséquences ne furent peut-être pas étrangères à l'habitude qu'ont pris depuis cette époque les mutualistes de France de se réunir en Congrès chaque année.

« Je me suis fait un devoir de participer à ces grandes assises dont l'utilité est de moins en moins contestée.

« Le renom de l'Emulation chrétienne et le nombre exceptionnellement grand des mandats qui m'étaient conférés, m'ont valu l'honneur d'être presque toujours un de leurs vice-présidents, et président ou rapporteur de la Commission dont je faisais partie. Ce même motif a fait nommer fréquemment secrétaire et membre du bureau notre premier vice-président d'administration, M. Christophe Allard, qui a bien voulu se joindre à moi depuis 1889. Nous avons depuis cette époque, et dans chacun des Congrès nationaux, soutenu avec un constant accord les vrais principes mutualistes, et nous avons eu presque toujours la joie de les voir proclamer.

« Le dernier de ces Congrès, qui s'est tenu à Saint-Etienne, eut une importance considérable; vous savez notamment que les congressistes donnèrent à la Commission que je présidais la mission de rédiger un projet de loi pour rectifier celui du Parlement.

« Si la fête d'aujourd'hui a pris un caractère inattendu, si tant de Sociétés m'ont fait le grand honneur d'y participer, c'est probablement parce que je n'ai jamais cessé de lutter contre les théories nouvelles émises par les actuaires, trop facilement acceptées par certains politiciens, et qui, sous prétexte de science et de progrès, voulaient nous imposer une loi despotique et rétrograde, aussi contraire à nos intérêts qu'à notre indépendance et à nos droits.

Le projet de loi contre les Sociétés de secours mutuels (1).

« Cette question est une question vitale pour nos Sociétés; permettez-moi de l'examiner.

« Il n'est pas d'Institution à laquelle on ait prodigué plus qu'à nous les compliments et les promesses.

---

(1) Quelques mois plus tard, les organisateurs du Congrès de Saintes ayant eu connaissance de notre fête, demandèrent à notre Président de reproduire devant eux cette dernière partie de son discours qu'ils acclamèrent et qu'ils firent imprimer aussitôt. Il eut une manifeste répercussion à la Chambre. Les projets de

« L'exposé des projets de loi était excellent et proclamait bien haut que c'était un devoir pour l'État « d'aider ceux qui s'aidaient eux-mêmes »; on devait augmenter nos libertés, faciliter notre organisation et notre extension; les projets de loi de 1882 assuraient à nos dépôts le taux de 4 1/2 et celui de 5 o/o à nos pensions.

« En réalité, pendant longtemps et jusqu'à la dernière discussion du projet de loi des Sociétés de secours mutuels, nous avons eu presque autant de déceptions que d'espérances.

« La loi sur la Caisse nationale des retraites, qui devait assurer à nos pensions le taux de 5 o/o, l'a réduit à 3 1/2 et permet de l'abaisser plus encore. Le projet de loi des retraites ouvrières, au lieu de s'appuyer sur nous, comme l'avait tout d'abord proposé M. Constans, devait, d'après le rapport de M. Guieysse, nous exclure, à moins que nous ne consentions à abandonner nos traditions et à adopter le livret individuel.

« Le projet de loi *en faveur* des Sociétés de secours mutuels, balloté depuis quinze ans de la Chambre au Sénat et du Sénat à la Chambre, a été tellement modifié, transformé, dénaturé, qu'il a changé de caractère. Le projet présenté à la fin de la dernière législature par la Commission parlementaire que présidait M. Ricard, nous était tellement contraire, qu'il a mérité le nom de projet de loi *contre* les Sociétés de secours mutuels. Il a excité heureusement une telle et si générale réprobation, qu'on n'a pas osé le discuter. Repris dans la présente législature par un de ses auteurs et examiné à nouveau par une Commission où prédominaient malheureusement ceux que nous n'avions cessé de combattre, il a été empiré, ce qui ne semblait pas possible.

« Mais l'excès du mal a amené un grand bien; les plus indifférents ont compris que ce projet de loi n'était pas seulement contraire à notre esprit, à nos traditions, à notre organisation, à nos droits, mais qu'il mettait en péril l'existence même de l'Institution à laquelle nous avons dévoué notre vie. Le Congrès de Saint-Étienne a été presque unanime à le répudier et à proposer un projet de loi tout différent. Nos écrits, nos discours, nos pétitions ont éclairé l'opinion publique; nous avons trouvé au Parlement quelques députés, MM. Sibille, Dussaussoy, Roch, Lechevallier, J. Goujon, qui nous ont vaillamment

loi des Commissions parlementaires, dites de prévoyance sociale, étaient, en 1893, en 1895 et en 1896, des projets de loi *contre* les Sociétés de secours mutuels; la loi votée le 1er avril 1898, bien que très perfectible, est une loi *en faveur* des Sociétés de secours mutuels.

défendus, et la discussion du projet en première lecture ayant, après une lutte acharnée, amené, sauf en ce qui concerne l'intérêt des dépôts, sa transformation conforme à nos désirs, j'espère que la discussion en deuxième lecture achèvera de nous satisfaire.

« Toutefois, la lutte n'est pas achevée, nos adversaires persistent à vouloir nous imposer leurs théories repoussées par notre expérience. Il nous faut donc redoubler d'efforts, et c'est ce qui m'excuse de retenir votre attention si longtemps.

« Le projet de loi que nous combattons se résume en trois mots : il nous impose des innovations inutiles, vexatoires et onéreuses ; il dénature et désorganise notre Institution ; ils nous retire les avantages de notre ancienne législation, sans même tenir compte de nos droits les plus certains.

« Je ne m'arrêterai guère au premier point. Pourquoi nous imposer des annonces de journaux, aussi inutiles que coûteuses ? Pourquoi nous retirer la fourniture des livrets et registres que les communes nous fournissent depuis plus de 40 ans ? Pourquoi imposer aux médecins contre nos malades la violation du secret professionnel, que le Code pénal exige en faveur du reste de la nation et même vis-à-vis des repris de justice ? Pourquoi nous imposer des calculs nouveaux et des inventaires tellement compliqués que ceux-là mêmes qui les réclament nous déclarent incapables de les faire et veulent se les faire attribuer, en affirmant qu'ils exigent des savants particulièrement exercés ?

« On est parti d'une idée fausse en nous assimilant aux assurances ; on a changé le projet de loi en faveur des Sociétés de secours mutuels en un projet de loi en faveur des actuaires, et voici la question qui se pose : la Mutualité française doit-elle suivre en l'élargissant la voie qu'elle a toujours pratiquée et dans laquelle elle n'a jamais fait de faux pas ?

« Oui, disons-nous, car on ne déplante pas un arbre en pleine récolte, on ne change pas le caractère d'une Institution qui n'a donné que de bons résultats. On a tort d'accuser d'ignorance et d'empirisme ceux qui ont créé, administré, développé l'Institution qu'on admire. Il est contradictoire de les féliciter de leur œuvre et de leur défendre de la continuer.

« Mais il s'est formé récemment une école qui n'est pas de cet avis. Cette école se compose de personnes qui s'imaginent avoir découvert la Mutualité parce qu'ils ne la connaissent que depuis peu. Les uns sont des politiciens qui, dans nos Sociétés, voient surtout un appoint électoral d'autant plus souple qu'une loi despotique, détruisant notre indépendance, nous obligerait trop souvent à les implorer : nos votes paieraient leur protection. Les autres sont des savants, dont le talent inoccupé s'emploierait volontiers à faire les calculs qu'ils nous imposent; l'argent employé jusqu'alors au service de nos malades et de nos vieillards ne pourrait jamais trop payer leurs remarquables travaux, et nous leur paraissons bien arriérés de vouloir augmenter nos secours quand il serait, grâce à eux, si facile et si beau d'augmenter leurs statistiques.

« Leur théorie est d'ailleurs très simple, et le rapporteur du projet de loi ne nous a pas laissé ignorer quelle en était la clef de voûte.

« Nous avions cru que nos Sociétés étaient comme une seconde famille, dont tous les membres se portent un mutuel intérêt et qui, pour le plus grand bien du pays, réunissent une foule de braves gens, heureux de s'entr'aider, faisant eux-mêmes leurs petites affaires, payant chaque année une somme déterminée qui leur donne droit à tous les avantages que leur Société procure, s'administrant d'une manière simple, claire, à la portée de tous, inspirant par cela même la confiance et la sympathie et trouvant d'autant plus facilement le généreux appui des personnes riches, qu'on ne peut refuser son estime à ceux qui sacrifient leur repos et qui exposent leur santé pour visiter leurs camarades malades et pour tenir gratuitement tous leurs comptes. *Le participant paie de sa personne, le membre honoraire paie de sa bourse, et chacun contribue ainsi au développement de sa Société.*

« Mais il paraît que cette méthode n'est pas la bonne. Vos Sociétés, nous a-t-on dit, ne sont qu'une forme de l'assurance, elles doivent donc en suivre toutes les règles, et comme il est de règle en assurance que chaque risque doit être garanti par une prime, vous aurez autant de cotisations que vous aurez de buts différents. Chaque genre de cotisation aura sa caisse spéciale et distincte, vous devrez d'avance spécialiser chaque recette et chaque dépense et affecter l'une à l'autre en les prévoyant toutes deux, et pour cela vous aurez notamment l'obligation de faire, au moins tous les cinq ans, un inventaire, prévoyant et spécialisant ce que chaque sociétaire, chaque année, devra verser et devra dépenser pour chacun des buts de la Société. C'est ce qu'on a appelé la spécialisation de la cotisation pour l'application de la péréquation.

« Nous avons fait observer qu'on n'augmente pas la valeur d'une pièce de cinq francs en la changeant pour avoir de la monnaie, que ce n'était pas en divisant et en morcelant nos cotisations qu'on en changerait l'importance et le total. On nous a répondu qu'il ne fallait pas que l'argent destiné aux pensions fût employé pour les maladies ou les enterrements, et notre embarras a redoublé; car enfin si le nombre des décès dépasse les prévisions, devrons-nous cesser d'enterrer les morts? Si une épidémie augmente le nombre des malades, faudra-t-il cesser de les soigner sous prétexte de leur assurer des rentes?

« Les mutualistes en chambre veulent qu'en fondant une Société on prévoie d'avance et par le détail chaque genre de recettes et de dépenses; mais comment pourra-t-on savoir la date et l'importance des dons et des legs, le chiffre des médicaments, le nombre et la durée des maladies? Il ne suffit pas d'être fort en calcul pour faire exactement de telles prévisions; pour qu'elles fussent exactes, il faudrait que chaque actuaire fût assisté d'une pythonisse.

« En voulant assimiler nos Sociétés aux assurances, les mutualistes en chambre ont oublié deux choses. En assurance, la spécialisation est facile et nécessaire parce qu'on opère sur des bases certaines et uniformes et que partout le bois brûle plus facilement que le fer, tandis qu'en Mutualité tout dépend des temps, des lieux, des circonstances, de l'atavisme, du climat, des professions, de mille causes essentiellement variables, à tel point que ce qui est vrai dans une Mutualité est faux dans une autre, et qu'il est aussi impossible d'imposer à toutes nos Sociétés les mêmes règles que de forcer tous leurs membres à endosser le même vêtement.

« Il ne faut jamais assimiler des choses dissemblables. Si les mutualistes en chambre avaient participé comme nous à l'administration des Sociétés de secours mutuels, ils auraient été surpris des actes d'abnégation que l'on y rencontre si souvent; ils sauraient que l'Assurance est une société d'intérêt privé, tandis que la Mutualité est une association d'intérêt général; il y a entre elles l'abîme qui sépare le calcul de la générosité et l'égoïsme du dévouement.

« Ce qu'on présentait comme la clef de voûte de la nouvelle loi eût été la pierre tombale de la Mutualité. Voici bien des années qu'on nous conseille cette méthode nouvelle. Nous avons été presque unanimes à repousser cette utopie, impraticable dans la grande majorité de nos Sociétés. N'ayant pu nous convaincre, on a voulu nous contraindre et, de là, dans les projets de loi toute une série de mesures vexatoires, onéreuses, draconiennes, allant jusqu'à obliger nos Sociétés à changer leurs statuts (1), à les déposséder de leurs capitaux et à

(1) Cette obligation a été très atténuée dans la loi, et les autres réclamations admises.

les menacer dans leur existence, en même temps que leurs Présidents seraient menacés dans leur liberté.

« Le danger a été écarté en première lecture; la spécialisation n'est plus imposée que pour les retraites garanties; j'espère que sur ce point comme sur les questions de détail dont j'ai parlé tout d'abord, la Chambre ne se déjugera pas.

« Reste un danger : il concerne nos finances. L'augmentation des dépenses résultant de la spécialisation et de diverses innovations malheureuses n'est plus imposée par la Chambre; mais sur un point très important, malgré les efforts de M. Maze en 1885, de M. Liais en 1889, de MM. Dussaussoy, Lechevallier et Sibille en 1896, nous n'avons pu obtenir satisfaction (1). Le projet persiste à proposer l'abaissement de l'intérêt de nos dépôts; pour le passé, c'est une injustice et c'est une grave imprévoyance pour l'avenir.

« Vous n'ignorez pas, en effet, que, d'après les décrets de 1852 et de 1856, les Sociétés approuvées ou reconnues étaient obligées de confier au-delà de 1,000 ou de 3,000 fr. leurs capitaux à la Caisse des dépôts, avec un intérêt fixe de 4 1/2 o/o. Quand l'argent rapportait 5 et 6 o/o, nous n'avons touché que 4 1/2; nous avons subi ce taux quand il était pour nous onéreux, nous devons en profiter aujourd'hui qu'il est devenu pour nous avantageux.

« Proposer le contraire, c'est oublier que si nous avions eu la liberté de placer notre avoir, il aurait suffi d'acheter du 3 o/o français pour nous assurer un revenu supérieur à celui qu'on nous enlève, et que de plus nos capitaux profiteraient d'une plus-value de 80 millions.

(1) Dans la discussion en deuxième lecture, M. Ricard a prononcé deux excellents discours pour réclamer, en faveur de nos dépôts, la fixité du taux de 4 1/2. La Chambre qui, depuis 1885, l'avait toujours repoussé, hésitait à se déjuger, lorsque M. Barthou, ministre de l'Intérieur, montant à la tribune, a, pour la première fois, fait connaître au Parlement le moyen préconisé au Congrès de Saint-Étienne par M. H. Vermont, et qui consiste à tourner la difficulté en mettant, par la loi, à la disposition du Ministre de l'Intérieur une subvention égale à la différence entre la somme nécessitée par ce taux de 4 1/2 et celle du taux en cours; c'est ce que M. H. Vermont avait appelé les subventions compensatrices. Il avait suffi à notre Président d'exposer ce système à Saint-Etienne pour réunir aussitôt l'unanimité des congressistes. M. Barthou l'exposa à la Chambre avec tant de talent qu'il fit immédiatement disparaître tous les amendements, et eut le rare et difficile mérite de réunir l'unanimité des députés. Il fit, avec le concours de M. Lourties, triompher devant le Sénat cette même théorie, combattue par M. Cuvinot.

Notre Président demande qu'on l'étende aux pensions de retraite; il a obtenu dans ce sens un vote unanime du Congrès de Reims. (Voir son rapport, page 126.)

« Ce qu'on veut nous imposer est manifestement inique et constituerait une véritable spoliation, car on veut garder nos capitaux après nous avoir privés de leur plus-value et cependant diminuer l'intérêt qui leur avait été garanti.

« A-t-on jamais vu rien de pareil ?

« Quand on abaissa l'intérêt des rentes, on a donné aux souscripteurs des emprunts, aux banquiers, aux millionnaires, le droit ou bien d'accepter cette diminution de leurs revenus ou bien de reprendre leurs capitaux augmentés d'une prime. Jamais je ne croirai que, pour une misérable économie annuelle de 1,500,000 francs, il se trouve un Parlement qui renie la signature de la France, qui compromette son honneur et son crédit et qui impose à l'épargne des travailleurs ce qu'on n'a pas osé proposer à la fortune des millionnaires.

« Cependant quand un de nos retraités meurt, sa rente constituée à 5 o/o n'est plus capitalisée qu'à 3 1/2 ; le même capital versé par la même Société, dans le même but, dans la même caisse de l'Etat, ne produit plus le même revenu ; et par ce seul fait que la pension passe d'une tête sur une autre, elle subit une dépréciation de 30 o/o (1). Je défie qui que ce soit d'expliquer une telle injustice. J'espère que cette injuste rétroactivité de la loi de 1886 disparaîtra bientôt et je suis persuadé que le Parlement refusera de l'accentuer en l'étendant à l'intérêt de nos dépôts.

« En ce qui concerne l'avenir, la question n'est plus la même. Le projet de loi admet en partie la liberté de nos placements, l'Etat rend nos dépôts facultatifs, alors qu'ils étaient obligatoires ; c'est une situation nouvelle autorisant de nouvelles conditions, et par suite un taux d'intérêt nouveau. Aussi pour l'avenir, cessons-nous d'invoquer la justice, et c'est pour de tous autres motifs que nous demandons à l'Etat de continuer ce qu'il a fait, toujours fait, en encourageant nos dépôts par un intérêt de 4 1/2 o/o.

« Tout d'abord, comment pourrions-nous faire nos calculs de probabilité si leurs bases sont incertaines ? Pour donner à nos sociétaires confiance dans nos engagements, il faut que nous sachions à quoi nous pouvons nous engager, et nous ne pouvons prévoir l'étendue de

(1) Les subventions extraordinaires du Parlement n'atténuent que d'un tiers ce préjudice, mais la loi, par une disposition quelque peu byzantine, permet de tourner la difficulté en servant les arrérages des pensions avec les intérêts de notre capital de retraite disponible, au lieu de créer des rentes viagères avec ce capital. Ne serait-il pas plus simple d'assimiler aux dépôts nos pensions qui ne dépassent pas 360 francs, et qui ont, par conséquent, un caractère alimentaire ?

nos ressources que par la connaissance exacte du produit de nos capitaux.

« Prenons la question de plus haut. Quel est le devoir de l'Etat? On l'a dit depuis longtemps : gouverner c'est prévoir. La prévoyance est une nécessité pour ceux qui ont la redoutable mission de gouverner les peuples, et le budget des nations civilisées n'est pas autre chose qu'une série d'actes de prévoyance. Or, s'il est nécessaire de prévoir la guerre et de faire des dépenses pour l'empêcher en se mettant en état de la soutenir; s'il est nécessaire de prévoir et de combattre la concurrence commerciale en versant chaque année 150 millions de subventions aux chemins de fer, à l'agriculture, à la marine, à la filature, à la sériciculture, etc., etc., pourquoi ne serait-il pas également sage de prévoir la misère et de faire un bien léger sacrifice pour se mettre en état de lutter contre elle? On le fait d'ailleurs, et nous ne consacrons pas moins de 200 millions par an pour l'assistance publique. Qui donc pourrait se plaindre qu'on s'occupe enfin de l'assistance préventive? On consacre 200 millions par an à ceux dont la misère a quelquefois pour cause leurs défauts ou tout au moins leur imprévoyance; pourquoi ne pas diminuer leur nombre, en offrant une légère bonification d'intérêt à ceux qui, sans fortune, ont cependant l'habitude et le mérite de l'épargne?

« Un vieillard à l'hôpital coûte 650 francs par an, et vous refusez quelques centimes d'intérêt aux cotisations si difficilement économisées du travailleur qui a la noble ambition de n'avoir pas besoin de l'hôpital ! Tout pour celui qui n'a peut-être jamais fait que du mal, rien pour celui dont la vie est un modèle. Il faut avouer que nous avons une bien fâcheuse routine et que notre système d'assistance devrait être transformé de fond en comble.

« A la vérité, nous rencontrons deux objections, mais elles sont peu sérieuses. Le budget est obéré, nous dit-on et la Caisse des dépôts ne peut pas servir à ses déposants un intérêt supérieur à celui qu'elle touche elle-même. On oublie trois choses : 1º la bonification d'intérêts que nous demandons, augmentant et développant l'épargne, augmenterait la richesse aussi bien que la moralité publique; 2º la dépense qui en résulterait est insignifiante et pourrait facilement être prise sur les *excédents de recettes que la Caisse des dépôts réalise tous les ans*; 3º le budget de la France dépasse trois milliards, on y consacre 150 millons en garanties d'intérêts de toute nature : ce que nous demandons n'exigerait pas plus d'un million et demi, même en l'appliquant à la constitution de nos pensions. C'est une somme minime quand on la décompose, insignifiante quand on la compare, et il n'est pas sérieux de prétendre qu'elle serait trop lourde pour un pays qui en supporte de bien autrement importantes et de beaucoup moins utiles.

« J'arrête ces observations un peu longues, mais que votre attention m'a encouragé d'autant plus à vous présenter que nous avons parmi nous, en la personne de MM. de Montfort et P. Dussaussoy, des amis sincères et dévoués de la Mutualité.

« La transformation si heureuse du projet de loi en première lecture est en partie leur ouvrage. M. Dussaussoy, par un discours vraiment courageux, y a contribué beaucoup; M. de Montfort s'est associé à tous les votes qui nous étaient favorables; j'espère, je suis sûr, qu'ils nous continueront leur appui, et je les en remercie.

« Avant de clore ce trop long discours, j'ajoute qu'à mes critiques il faut joindre beaucoup d'éloges.

« Le projet de loi donne à nos Sociétés le droit à l'existence, en nous plaçant sous la protection de la loi et non plus de la bienveillance administrative; il augmente d'une manière insuffisante, mais très appréciable, les droits de nos Sociétés, soit autorisées, soit approuvées; il leur assure de sérieuses garanties contre l'arbitraire; il reconnaît l'utilité de nos unions, en un mot, il introduit dans notre législation des principes nouveaux et de tels avantages que si la Chambre maintient et complète l'heureuse transformation qu'elle a si bien commencée, cette loi, si longtemps attendue, répondant enfin à nos désirs, méritera d'être appelée une loi progressiste et libérale.

« Je la salue d'avance avec un cri joyeux.

« La liberté a suffi aux Mutualités d'Angleterre pour qu'elles deviennent six fois plus nombreuses et beaucoup plus prospères que les nôtres. La liberté, assurée par cette nouvelle loi, dissipera nos craintes, écartera nos entraves, redoublera notre dévouement, donnera à nos Sociétés un nouvel essor et nous permettra d'agrandir leur influence et leur action, en refoulant la misère, en rétablissant la paix sociale, en contribuant d'une manière décisive à l'union, à la grandeur, à la prospérité de la France.

« C'est ce que, pour ma part, je me suis toujours efforcé de faire. »

Les applaudissements qui ont bien des fois interrompu et souligné ce magistral discours, redoublent après sa péroraison.

M. Eugène Niel, président du Conseil honoraire se lève alors, et, d'une voix émue, adresse à M. Vermont, au nom des membres honoraires, le discours suivant :

DISCOURS DE M. EUGÈNE NIEL

Président du Conseil honoraire.

« Mon cher Président,

« Puisque j'ai le très grand honneur d'être aujourd'hui l'interprète du Conseil des membres honoraires de l'Émulation chrétienne, laissez-moi vous exprimer combien nous avons été heureux de nous associer au souvenir qui vous est offert, et avec quelle joie intime nous avons pris part à cette imposante et sympathique manifestation.

« C'est le couronnement de votre œuvre, c'est la juste récompense de vos soins, de vos peines, vous, mon cher Président, qui depuis vingt-cinq ans, constamment sur la brèche, avez consacré, avec tant de dévouement, tout votre temps au développement et à la prospérité de l'Émulation. C'est enfin le juste hommage rendu à votre talent et à toute une vie d'honneur et de dignité.

« Il existe deux sortes de popularités : celle qui s'adresse aux plus déplorables passions, et celle que l'on acquiert, sans la chercher, par le labeur charitable, par la tendresse pour les humbles et les faibles ; cette popularité-là, quoique vous, vous en défendiez, elle vous appartient, c'est la vôtre !

« Oui, mon cher Président, on vous estime et on vous aime, comme on aime et apprécie l'œuvre que vous avez su rendre féconde, en en faisant le foyer le plus actif, le plus prospère, le plus vivant de la Mutualité française. » [*Vifs applaudissements.*]

Puis M. Christophe Allard exprime éloquemment en ces termes les sentiments des sociétaires participants :

DISCOURS DE M. CHRISTOPHE ALLARD

Premier Vice-Président d'administration.

« Mesdames, Messieurs,

« C'est aujourd'hui la fête d'un homme et c'est la fête d'une idée : en célébrant les vingt-cinq années de présidence de M. Vermont, il semble que notre reconnaissance, nos félicitations, nos souhaits vont plus loin que le mutualiste et s'adressent à la Mutualité elle-même, tant il l'a représentée, identifiée en lui !

« Vous pouvez, mon cher Président et ami, vous recueillir en vous-même, examiner votre œuvre ; vous pouvez respirer un moment après la côte gravie, et vous retourner pour contempler le chemin parcouru ; et en voyant cette Emulation chrétienne, le fruit de vos efforts, l'âme de votre vie, vous pouvez vous dire que ce que vous avez fait est bien, et que votre œuvre est bonne !

« Voilà vingt-cinq ans que vous avez adopté l'Emulation, qu'elle est votre préoccupation constante, qu'elle est votre fille. Aujourd'hui, nous avons voulu vous prouver qu'elle est une fille reconnaissante.

« Nous vous remercions ; nous faisons plus, nous vous aimons comme vous le méritez !

« Merci au nom des vieillards : ils vous doivent le droit de vieillesse et l'augmentation successive de leur pension de retraite ;

« Merci au nom de tous ces travailleurs prévoyants, qui doivent à votre initiative la réalisation de tant d'idées fécondes, codifiées dans ces statuts toujours améliorés que l'on nous réclame de partout, en France et hors de France ; au nom de ces travailleurs dont vous avez fait des collaborateurs dévoués, et qui n'ont, à votre exemple, d'autre souci que le bien des autres ;

« Merci au nom des femmes, de ces femmes laborieuses et vaillantes, si nombreuses dans notre Société, admises, grâce à vos efforts, au droit de naissance et au bienfait de la retraite ;

« Merci au nom des enfants, de ces nombreux enfants de notre grande famille. Ne vous doivent-ils pas leur admission dans la Société, et pour plusieurs d'entre eux, hélas ! l'Emulation ne remplace-t-elle pas, grâce à votre création de la Caisse des orphelins, le père ou la mère qu'ils ont perdus ?

« Vous nous avez consacré vos soins, vos veilles, le talent qui vous est propre, la prodigieuse facilité de travail que tous vous envient, un dévouement qu'aucun dévouement ne surpassera jamais, toute l'éloquence de votre cœur, toute la chaleur de votre âme ; vous avez fait mieux encore, vous nous avez donné votre exemple.

« Voilà ce que vous avez fait depuis un quart de siècle, sans trêve, sans repos, sans ambition personnelle, sacrifiant au besoin vos propres intérêts. Et maintenant, que ceux qui n'avaient pas foi dans la Mutualité contemplent votre œuvre !

« La petite Société que sept pauvres ouvriers ont fondée, le 2 décembre 1849, et qui eut 35 centimes comme première mise de fonds comptera quatre mille membres cette année, et elle a employé un million sept cent mille francs en retraites pour la vieillesse, plus de deux millions en secours; son avoir social excède sept cent mille francs. L'humble graine est devenue un arbre grand et robuste, dont l'ombre est bienfaisante et dont la cime superbe est comme un point de ralliement pour la Mutualité entière.

« Ce n'est pas tout encore. Voyant dans la Mutualité une œuvre patriotique et française, une œuvre qui plane au-dessus des questions politiques, des divisions et des partis, une œuvre de rapprochement des classes, une véritable solution de la question sociale, vous avez voulu que la France entière profitât d'un zèle trop à l'étroit dans la direction d'une seule société. Vous avez combattu le bon combat par la presse et par la parole. Quelles sont les vraies théories que vous n'ayez pratiquement soutenues par vos nombreuses publications ? Quelle est en France et à l'étranger l'association qui s'est adressée à vous sans obtenir les conseils de votre expérience ? Quel est, en France et en Algérie, le Congrès mutualiste qui n'ait profité de votre parole éloquente et convaincue ? Je vous ai vu à l'œuvre à Bordeaux, à Paris, à Saint-Etienne, et je dirais combien je vous ai admiré s'il n'appartenait plutôt aux Présidents des nombreuses Sociétés de France ici représentées, de proclamer quelles ont été, hors de Rouen, l'importance et l'utilité de votre action sociale.

« Voilà ce que nous célébrons aujourd'hui, Messieurs, et voilà le but de cette réunion. Nous fêtons un homme qui, depuis un quart de siècle, est le représentant de la Mutualité, qui a fait œuvre de grand patriote et de bon citoyen, et nous avons voulu perpétuer par un souvenir durable ces vingt-cinq années d'un dévouement à toute épreuve.

« Mais ce souvenir, permettez, mon cher Président, que ce ne soit pas à vous que nous l'offrions. Les deux conseils de la Société n'ignorent pas que si, depuis un quart de siècle, vous avez adopté l'Emulation chrétienne, il est une personne qui a été de moitié dans ce sentiment comme dans tous ceux de votre cœur. Notre reconnaissance, à laquelle elle a droit au même titre que vous-même, n'aurait pas été satisfaite si elle ne s'était adressée à Mme Vermont en même temps qu'à vous. Nous avons donc été unanimes à penser qu'en offrant respectueusement à Mme Vermont le souvenir de vos vingt-cinq années de présidence, nous contenterions votre secret désir, et nous vous causerions une satisfaction plus vive et plus complète, que si nous nous adressions à vous seul dans l'expression de notre gratitude.

« Il nous restait à chercher quel témoignage de cette gratitude pourrait être le plus agréable à la digne femme de notre Président. Notre hésitation n'a pas été de longue durée. En vous offrant,

Madame, le buste en marbre de votre mari, œuvre remarquable du distingué sculpteur rouennais A. Guilloux, nous sommes certains que vous serez sensible à la pensée qui a guidé notre choix, et qu'aucun objet d'art n'aurait été agréé par vous avec plus de joie que celui-ci, à la fois objet d'art et représentation fidèle de l'homme chevaleresque que vous entourez depuis trente-quatre années de votre affection.

« Oserai-je ajouter que le mérite artistique et la parfaite exactitude de sa ressemblance sont la moindre valeur de cette statue. Ce buste aura plus de prix encore à vos yeux, Monsieur le Président, quand vous saurez qu'il est le produit de la souscription des membres honoraires et des membres participants de la Société. Tous ceux qui pouvaient le faire ont répondu à notre appel, ils sont plus de deux mille : vous aurez leurs noms sur un album, que nous comptons vous remettre solennellement dès aujourd'hui, mais qui ne vous sera offert que dans quelques jours, de nombreuses souscriptions ne nous étant parvenues qu'au dernier moment. Vous aurez les noms de tous les souscripteurs, mais si vous le voulez bien, les chiffres ne vous seront pas connus : est-ce que dans une Société comme la nôtre, où toutes les classes sont représentées et se prêtent un fraternel appui, l'obole, prélevée sur un maigre salaire, ne représente pas un effort aussi louable et aussi généreux que certaines souscriptions bien plus considérables ?

« Cette statue sera pour nous un symbole. Le symbole du dévouement qui se dépense sans compter, de l'oubli persistant de ses propres intérêts pour le plus grand profit des intérêts des autres, de la science et du travail mis au service des humbles, elle sera le symbole des convictions franches et droites, des vertus nécessaires à l'œuvre de pacification sociale qui est le but suprême de la Mutualité.

« Ce buste sera autre chose encore. Par ce temps où le marbre et le bronze ont trop souvent semblé réservés aux médiocrités littéraires ou politiques, où les renommées qui étaient célébrées hier ne sont pas à l'abri des révélations du lendemain, il y a une secrète douceur à se réconforter au contact des âmes éprises de dévouement et de sacrifice.

« C'est pour cela qu'il nous a plu de fixer pour la postérité les traits de l'homme vaillant, au cœur généreux qui, sans reculer et sans faiblir, a accompli pendant vingt-cinq ans sa noble tâche pour nous et pour la France. »

Le discours de M. Christophe Allard excite un véritable enthousiasme, qui s'accentue encore en entendant M. Blanchet.

DISCOURS DE M. BLANCHET

Président des Sauveteurs d'Elbeuf

« MESDAMES, MESSIEURS,

« Les sociétaires de l'Emulation chrétienne de Rouen ont eu raison de vouloir célébrer avec éclat les noces d'argent de leur éminent Président ; mais M. Vermont ne s'est pas contenté de transformer la Société qu'il préside, d'en faire une Société connue de toute l'Europe, des Etats-Unis, du Canada, et que la France et l'étranger admirent comme une Société modèle ; il a été le premier, peut-être, chez nous, à comprendre qu'il ne fallait pas, pour employer son expression, qu'un Président s'absorbât dans sa Société, comme un laboureur penché sur son sillon et qui s'occupe uniquement du champ qu'il cultive, mais qu'il y avait, au contraire, dans la Mutualité, une idée tellement élevée, une Institution tellement utile, que toutes les Sociétés devaient se prêter un mutuel concours, et qu'un patriote éclairé, qu'un démocrate sincère, qu'un libéral convaincu, devait s'efforcer par tous les moyens possibles de répandre et de défendre les Sociétés de secours mutuels.

« Au nom de plus de cinq cents Sociétés, au nom de plus de cent cinquante mille mutualistes, je viens remercier M. Vermont de s'être prodigué, sans compter pour cette noble entreprise ; et si de tous les coins de la France nombre de Sociétés des plus prospères, comme des plus humbles, de Présidents des plus connus comme des plus ignorés, ont tenu à donner à cette fête un éclat exceptionnel, à proclamer comme vous, leur reconnaissance envers M. Vermont, c'est que son nom vient sur toutes les bouches quand on parle de prévoyance et que c'est à juste titre que nous saluons en lui l'apôtre et le champion de la Mutualité.

« C'est grâce à lui, et à votre exemple, que s'est généralisée en France l'admission des femmes dans les Sociétés de secours mutuels. C'est lui, plus que tout autre, qui a défendu notre indépendance, réclamé le maintien de nos droits, combattu certaines doctrines présentées assurément avec les meilleures intentions, mais dont l'application pouvait altérer le principe même de notre Institution et aussi compliquer son administration que nous avons le devoir de maintenir simple, économique et démocratique.

« L'action de M. Vermont s'est exercée de toutes manières. Il a par ses conférences fait apprécier les bienfaits de la Mutualité, encouragé

et dirige les efforts de nombreux Présidents qui, pour réussir dans
leur œuvre, n'ont eu qu'à suivre ses conseils et à mettre en pratique
les leçons de son expérience.

« Les conférences ne lui ont pas suffi, il a multiplié ses écrits dans
la presse, dans les revues, dans les brochures; il a traité presque
toutes les questions qui intéressent la Mutualité, et, non content
de s'adresser à l'opinion publique par ces moyens, il a appelé l'attention des Pouvoirs publics par des pétitions très documentées, dont les
unes avaient pour but, et ont eu pour résultat, d'augmenter dans la
Seine-Inférieure les subventions départementales au profit des Sociétés
de secours mutuels, et les autres s'adressaient tantôt aux Conseils
généraux, tantôt au Parlement pour défendre nos intérêts et soutenir
nos droits. Pour juger de l'importance de ces pétitions et de leur effi-
cacité, il suffit de rappeler que les premières furent reproduites sans
modification par un nombre considérable de mutualistes, et que les
dernières obtinrent les vœux favorables de cinquante-quatre Conseils
généraux.

« C'est surtout dans les Congrès que l'utilité de l'action de M. Vermont se manifesta. En 1882, il est le promoteur du Congrès mutualiste de Rouen, dont il préside le Comité d'organisation et dans lequel
il fait preuve d'une compétence indiscutée. L'année suivante, il prend
part au premier Congrès national à Lyon, en 1886, à celui de Marseille, du Havre, en 1887, de Paris, en 1889 et en 1863, de Philippeville, en 1890, de Bordeaux, en 1892, de Saint-Étienne, en 1895.
Partout nous trouvons la trace de son infatigable activité, de son ardeur à défendre ce qu'il considère comme juste et avantageux pour la
Mutualité, à combattre ce qu'il croit lui être défavorable il a presque
toujours la grande satisfaction de voir approuver ses doctrines.

« C'est lui qui, par sa dernière brochure, soumet au Parlement
toute une série d'amendements très motivés au projet de loi. La plupart sont soutenus, dans la discussion, en première lecture, du mois
de juin dernier et paraissent tellement concluants que M. Siegfried,
président de la Commission, invite M. Vermont à présenter, à cette
Commission, de nouvelles observations sur les points qui lui paraissent encore défectueux, ce que votre Président s'empresse de faire,
avec tant de force et de clarté, qu'un très grand nombre de Sociétés
approuvent publiquement et complètement sa nouvelle étude, s'asso-
cient à ses vœux, et que de tous côtés on lui demande des conférences,
comme au meilleur représentant de la Mutualité française.

« Après cet exposé bien incomplet du rôle de M. Vermont dans la

propagation et la défense des Sociétés de secours mutuels, vous com-
prendrez, Messieurs, qu'il a suffi d'apprendre que vous fêtiez les
noces d'argent de votre Président pour que, par un mouvement
spontané, les hommes qui sont, dans les grandes villes, à la tête de la
Mutualité, aient trouvé qu'il y avait un devoir à remplir pour ceux
si nombreux qui ont profité de son infatigable dévouement; ils l'ont
signalé et ils ont été compris.

« Ce n'est pas seulement l'Emulation chrétienne de Rouen qui
s'honore en fêtant son Président, c'est la Mutualité française, ce sont
les mutualistes les plus connus, les plus convaincus, ce sont cinq
cents Sociétés, représentant plus de cent cinquante mille mutualistes
qui, réunis par un même sentiment, expriment par ma voix, de
toutes les parties de la France, leur gratitude et leur admiration pour
l'homme qui a certainement contribué plus que tout autre, à propager et à défendre les Sociétés de secours mutuels.

« Avant de terminer, Messieurs, je dois exprimer ici un vœu, plusieurs fois répété dans les nombreuses lettres qui me sont parvenues à
l'occasion de cette cérémonie ; ce vœu, j'en suis certain, trouvera un
puissant écho dans vos cœurs ; je ne puis mieux faire pour cela que
de vous lire un extrait de la lettre de M. Bonniot, président du grand
Conseil des Sociétés de secours mutuels des Bouches-du-Rhône, président des Sauveteurs du Midi ; voici ce qu'il m'écrit :

« Sans doute, la marque de sympathie qui lui sera donnée, en
« cette occasion, par la Mutualité française, sera pour notre excellent
« ami une récompense précieuse, mais il est une récompense d'un
« autre ordre, dont malheureusement nous ne disposons pas, que le
« Gouvernement de la République devrait avoir placée depuis long-
« temps déjà sur la poitrine de l'un de ses enfants les plus dévoués à
« la grande cause populaire. C'est celle-là qu'il faut solliciter, car
« jamais citoyen ne la mérita mieux que celui qui de tout temps prit
« dans ses vaillantes mains la cause des humbles, et, par ses travaux,
« ses paroles et ses écrits, propagea avec tant de succès les grands
« principes d'union et de concorde qui sont l'essence de nos Sociétés
« de secours mutuels. C'est de tout cœur que je forme les vœux les
« plus sincères, pour que le jour de cette réparation soit proche. »

« C'est notre pensée, c'est notre espoir à tous qu'exprimait, bien
mieux que je n'aurais su le faire, M. Bonniot, et je suis certain de
me faire le fidèle interprète de vos sentiments en priant les représentants de M. le Préfet et de M. le Maire de Rouen, MM. les Députés,
Conseillers généraux et d'arrondissement, qui rehaussent par leur

présence l'éclat de cette cérémonie, de bien vouloir appuyer la demande de la croix de la Légion d'honneur que nous avons le devoir d'adresser pour M. Vermont au Gouvernement de la République, qui ne manquera pas, j'en suis convaincu, d'accomplir cet acte de justice envers l'un de ceux ayant le plus mis en pratique l'une des grandes vertus inscrites dans notre devise républicaine : la Fraternité.

« Cher Monsieur Vermont,

« Nous célébrons aujourd'hui, en votre honneur, ce que l'on peut appeler une véritable fête de famille.

« L'enfant de votre cœur, votre fille bien aimée, l'Emulation chrétienne vient de vous remettre, à l'occasion de votre vingt-cinquième année de présidence, une marque magnifique de sa bien sincère affection. J'ai l'agréable mission, à mon tour, au nom d'un grand nombre des autres membres de la famille mutualiste, qui vous considère comme un de ses chefs, de vous transmettre ces lettres, dans lesquelles vous trouverez l'expression sincère des sentiments de respect, d'affection et de gratitude inspirés par votre dévouement à la grande cause humanitaire. Je suis chargé également de vous offrir ce modeste souvenir ; veuillez l'accepter comme un bien faible témoignage de notre profonde reconnaissance. »

Ce discours est l'objet d'une véritable et unanime manifestation, et les bravos se prolongent et se renouvellent pendant que M. Blanchet remet à notre Président un énorme paquet de lettres de félicitations et de remerciements venus de quarante-quatre départements.

On enlève alors les voiles qui recouvraient divers objets placés devant le théâtre. Ce sont : 1º des candélabres artistiques de la plus grande beauté, offerts par les Sociétés étrangères, portant cette inscription :

A M. H. VERMONT

LA MUTUALITÉ FRANÇAISE

4 AVRIL 1897

Et 2º des présents offerts à M. et Mᵐᵉ Vermont par une souscription des membres honoraires et participants de l'Emulation chrétienne. On remarque surtout le buste en marbre de notre Président, étincelant de vie, frappant de ressemblance, chef-d'œuvre d'Alphonse Guilloux, qui excite l'admiration et les bravos de tous.

Il porte les inscriptions suivantes :

4 AVRIL 1897

L'ÉMULATION CHRÉTIENNE DE ROUEN

A SON PRÉSIDENT

M. H. VERMONT, BÂTONNIER DE L'ORDRE DES AVOCATS

OFFERT PAR SOUSCRIPTION

Notre Président, dont l'émotion est visible, remercie, en son nom et au nom de sa femme, en quelques mots qui nous touchent profondément.

La Chorale de l'Émulation chrétienne fait alors entendre la cantate suivante, composée pour cette fête, par deux membres honoraires. Les paroles sont de M. Paul Allard et la musique de M. Haelling, organiste de la Cathédrale.

CANTATE A LA MUTUALITÉ [1]

I

Le monde du travail était dans les ténèbres,
L'esclave soupirait après la liberté,
Quand le Christ, écartant les nuages funèbres,
Te révéla soudain, sainte Fraternité.

CHŒUR

A cette vision les peuples tressaillirent,
L'air étouffant se fit plus limpide et plus doux,
Et d'échos en échos ces deux mots retentirent,
Aimons-nous, aimons-nous.

II

Nous gagnons vaillamment le pain de la journée,
A des êtres chéris nous donnons le bonheur
Et nous marchons joyeux, car notre destinée
Est faite de devoir, de travail et d'honneur.

CHŒUR

L'un pour l'autre, ouvriers, nous versons notre obole
Épargnant pour soi-même, on épargne pour tous,
Et nous accomplissons la divine parole,
Aimons-nous, aimons-nous.

(1) M. Mennesson, de Reims, vient d'éditer cette cantate, marquée 4 fr. 50, et qu'on trouve dans nos bureaux au prix de 1 fr. 50. (Expédition franco.)

III

Aux mains de la plupart, c'est l'outil seul qui brille,
Aux mains de quelques-uns, on voit briller de l'or,
Mais tous nous ne formons qu'une seule famille,
Et chacun met son cœur dans le commun trésor.

CHŒUR

Le riche est sans orgueil, le pauvre est sans envie,
L'un ne méprise pas, l'autre n'est pas jaloux,
Au banquet fraternel un seul mot nous convie,
Aimons-nous, aimons-nous.

IV

Marchons le front levé, l'œil brillant d'espérance,
Nous sommes un faisceau que rien ne brisera,
En demeurant unis, nous servons bien la France,
La France est bonne mère, elle nous bénira.

CHŒUR

Qu'ils soient bénis de Dieu, nos fondateurs, nos pères,
Et pour te rendre heureux, toi qui veilles sur nous,
Et, depuis vingt-cinq ans, nous fais des jours prospères,
Aimons-nous, aimons-nous.

Les applaudissements retentissent de nouveau, la joie est sur tous les visages, le contentement dans tous les cœurs. M. de Montfort résume les impressions de tous par des remerciements pleins de tact et déclare que c'est par la Mutualité qu'il faut résoudre la question sociale.

En se retirant, chacun met son offrande dans les bourses, gracieusement présentées par MM^{mes} Delamare, Louis Le Picard et Pierre Le Verdier, dont la quête s'élève à 2,149 fr. 70.

LE BANQUET

La journée était loin d'être achevée. Un banquet, sans précédent à Rouen, devait la clore dignement.

De cinq à six heures, 600 personnes, de tous rangs, de toutes conditions, représentant toutes les nuances de l'opinion, aussi bien que tous les degrés de l'échelle sociale, Rouennais et étrangers, patrons et ouvriers, propriétaires et prolétaires, viennent dans les salons de M. Leloup saluer affectueusement M. et Mme Vermont. On constate avec satisfaction la présence, inusitée à Rouen, d'un grand nombre de dames.

La salle du banquet, élargie pour la circonstance, étincelante de lumière, présente un aspect magnifique. Devant le théâtre, et sur toute sa largeur, s'étend la table d'honneur, qui empiète en retour d'équerre sur les tables voisines, dont six ont été dressées devant elle. M. Paul Dussaussoy, député de Calais, préside, et tout à l'heure, les nombreux toasts qui vont se succéder lui donneront occasion de prouver qu'il préside fort bien.

Auprès de lui prennent place, avec les personnes dont nous avons indiqué la présence à l'assemblée générale (1), M. Decorde, ✳, ancien bâtonnier et doyen de l'ordre des avocats, et M. Marie-Cardine, ✳, inspecteur d'Académie, président de la Société de secours mutuels des instituteurs et institutrices de la Seine-Inférieure. M. P. Dussaussoy a à sa droite Mme Eugène Niel, M. Vermont, Mme Harel, la plus ancienne de nos sociétaires participantes, M. Deshayes, ✳, adjoint au Maire de Rouen, et à sa gauche Mme H. Vermont; le vicomte de Montfort, député, Mme Ernest Baron, M. Rogez, conseiller général de Lille, etc.

Au haut des six tables, perpendiculaires à la table d'honneur, sont les nombreux Présidents et délégués d'autres Sociétés, les membres du Conseil honoraire, ayant à leur tête M. Gaston Boulet, ✳, leur vice-président; les bienfaiteurs et donateurs; un groupe nombreux d'avocats, parmi lesquels on remarque Mes G. de la Ferrière, ancien bâtonnier et ancien député, et Sarrazin, ✳, président de la Ligue des patriotes, membre de notre Conseil honoraire; le bureau du Conseil administratif, les médecins de la Société, les membres honoraires.

Les membres du Conseil administratif, à l'exception du bureau, se sont dispersés afin de mieux veiller au bon ordre, qui ne sera pas un seul instant troublé.

Dès le potage, les langues se délient, sans qu'à aucun moment le diapason des voix augmente. Chacun rivalise de bonne grâce et de

(1) Un deuil récent n'avait pas permis à M. Papin d'assister au banquet. Au dernier moment, MM. O. Lami, ✳, secrétaire ou rapporteur du Jury de la section d'Economie sociale aux Expositions d'Anvers, de Paris (1889) et de Chicago, et Genestal, ✳, conseiller général et président d'une des principales Mutualités du Havre, se trouvèrent empêchés d'être des nôtres et nous en exprimèrent d'affectueux regrets.

bonne tenue; il semble qu'on soit en famille, tant est grande la communauté du sentiment qui nous domine et de la pensée qui nous rassemble.

Le banquet a commencé par une double et agréable surprise. M. A. Guilloux a gracieusement offert à M. Vermont son médaillon très ressemblant; chacun le trouve à sa place avec un magnifique menu, dessiné par M. Morel, menuisier-sculpteur, imprimé par MM. Lecerf et Leprêtre, en photogravure, et qui reproduit la salle des Augustins et le buste de notre président.

Le banquet ne fait pas moins honneur à la cuisine de M. Leloup qu'à l'appétit des convives; il est ainsi composé:

> *Potage tapioca*
> *Bouchées favorites*
> *Filet de bœuf, sauce chasseur*
> *Poulardes Toulouse*
> *Trou normand*
> *Gigot rôti*
> *Salade*
> *Haricots verts à l'Anglaise*
> *Fromage — Dessert — Café*
> *Chablis, Saint-Emilion, Champagne*
> *Cognac, Bénédictine*
> *Punch*

Au champagne, M. Paul Dussaussoy, député, se lève; le silence s'établit promptement, il ne sera troublé pendant près de deux heures que par la voix des orateurs et par nos applaudissements réitérés.

TOAST DE M. P. DUSSAUSSOY

Député, Président du banquet.

MESDAMES,
MESSIEURS,

Je vous remercie tout d'abord de l'honneur inattendu que vous m'avez fait.

Étranger à votre pays, j'étais venu, comme tant d'autres, saluer, au nom de mes compatriotes et en mon nom personnel, l'apôtre de la Mutualité.

Vous avez voulu que je préside ce banquet, sans doute pour prouver ainsi le caractère national de cette grandiose manifestation à laquelle ont tenu à s'associer tant de Sociétés de départements divers.

J'ai accepté, parce que cela m'impose un double et bien agréable devoir.

J'ai deux toasts à porter. Je les porte, non pas par convenance, mais avec une profonde conviction, qui est certainement aussi la vôtre.

Je porte tout d'abord la santé du chef de l'État, du Président de la République. Je salue en M. Félix Faure, l'homme qui, devant son éclatante fortune à son travail, a toujours aimé les travailleurs; le citoyen, dont l'intégrité n'a jamais été soupçonnée; le patriote qui a toujours cherché la grandeur de la France; le mutualiste qui, en s'efforçant sans cesse de répandre les idées de justice, de tolérance et de fraternité, s'est toujours rappelé qu'avant d'être le Président de la République, il avait été le Président d'une des principales Sociétés de secours mutuels de la Seine-Inférieure. (*Vifs applaudissements.*)

A cette santé, qui nous est précieuse, j'en veux joindre une autre et vous expliquer ma présence au milieu de vous.

Vous savez quelles modifications importantes et nécessaires ont déjà été apportées au projet de loi qui vous concerne. Pour la plupart d'entre elles, c'est votre Président, M. Vermont, qui en a été un des principaux inspirateurs.

Si nous avons pu préserver votre Institution d'un bouleversement ruineux et despotique, si nous avons pu sauvegarder votre liberté, si nous avons le ferme espoir de faire maintenir vos droits et l'intérêt de vos dépôts, c'est à lui plus qu'à tout autre qu'on le doit.

Comme vous, nous avons le regret de ne point l'entendre soutenir devant le Parlement, avec la chaleur communicative de son éloquence, votre grande cause dont il est l'Apôtre.

Mais en son absence, nous avons eu ses pétitions, ses écrits, ses discours; et ce n'est pas tout. Il a été pour plusieurs de ceux qui ont participé à la discussion parlementaire, et qu'il est pour tant de Sociétés de secours mutuels, un dévoué et savant conseiller.

Je l'ai éprouvé par moi-même.

Je suis passionné pour la Mutualité et je croyais la bien connaître, aussi avais-je annoncé l'intention de prendre une part active à la discussion du projet de loi contre lequel le Congrès de Saint-Étienne avait si justement protesté. J'en parlai à plusieurs des mutualistes les plus éminents de Paris, en leur demandant des conseils, et tous, sans exception, me dirent : « Allez à Rouen, voyez M. Vermont, il en sait là-dessus plus long que nous, il vous renseignera mieux que personne. »

Je vins dans votre ville admirable, je causai pendant sept heures de suite avec votre Président, que j'ai revu bien des fois. Il compléta mes connaissances, m'apprit une foule de faits dont je n'avais qu'une idée vague, me fit apprécier les graves et nombreuses défectuosités du projet de loi qui allait être prochainement discuté, m'en résuma l'historique et les vicissitudes, me fit apprécier le tort peut-être irréparable dont il menaçait votre organisation, votre indépendance et vos droits acquis. Bref, il m'arma pour la lutte. Et si j'ai pu concourir utilement avec plusieurs de mes collègues aux améliorations importantes, qu'après une lutte acharnée, nous avons obtenues, et que nous espérons compléter encore, nous le devons en grande partie aux Congrès et à votre Président.

Je suis donc venu, Messieurs, remercier celui qui fut mon professeur, je suis venu joindre ma reconnaissance à la vôtre.

Combien n'y a-t-il pas en France de Présidents qui, pour d'autres motifs, sont dans le même cas que moi ?

M. Blanchet saluait tantôt M. Vermont au nom des Mutualistes du Centre et du Midi, et moi je le salue au nom des Mutualistes du Nord, et je vous invite à lever avec moi vos verres en l'honneur de deux hommes qui, dans des conditions bien différentes, ont toujours prouvé leur dévouement à la Mutualité.

Je bois à M. Vermont, le Président de l'Émulation chrétienne de Rouen ;

Je bois à M. Félix Faure, le Président de la République française. (*Longs et vifs applaudissements.*)

TOAST DE M. E. NIEL

Président du Conseil honoraire.

MESSIEURS,

Je suis certain d'être l'interprète de vos sentiments en levant mon verre à la santé des dames venues, en si grand nombre, se joindre à nous, rehausser par leur présence l'éclat de cette belle fête et s'associer à cette grande et sympathique manifestation en l'honneur du président Vermont.

Je vous demanderai aussi de vous unir à moi pour porter tout particulièrement un toast à Mme Vermont en lui offrant nos humbles hommages, ainsi qu'à M. Vermont. Nous la fêtons aussi ce soir, heureux de lui témoigner notre reconnaissance.

En l'unissant à son mari, nous ne faisons que lui rendre justice ; n'a-t-elle pas comme lui participé à la prospérité de l'Emulation chrétienne, par l'intérêt et le dévoué concours qu'elle n'a cessé d'apporter à cette belle œuvre ?

Je bois à la santé de Mme Vermont et de vous toutes, Mesdames, qui, en participant à cette fête, avez prouvé, une fois de plus, que l'Emulation chrétienne de Rouen est une grande famille.

TOAST DE M. E. DESHAYS

Adjoint au maire de Rouen.

Après avoir présenté les regrets de M. le Maire, absent, M. E. Deshays s'associe, au nom de la Municipalité de Rouen, à la magnifique fête de ce jour.

Il rappelle que la Municipalité de Rouen a toujours témoigné la plus vive et la plus réelle sympathie aux diverses Sociétés de secours mutuels de la ville, entre lesquelles elle ne fait pas de distinction, car elles rendent toutes des services dignes d'éloges et d'encouragements.

L'Emulation chrétienne de Rouen « se place au premier rang par son importance », et M. l'Adjoint est « émerveillé de tout ce qu'il vient de voir et d'entendre ».

Il félicite les sociétaires des résultats brillants qu'ils ont obtenus, et il se joint à eux pour remercier et pour féliciter « l'homme tenace et énergique, dont l'activité et le zèle ont porté cette Société à son apogée. »

Il lève son verre « en l'honneur des Sociétés de secours mutuels, de l'Emulation chrétienne, et de son dévoué président, M. Vermont. »

TOAST DE M. LE VICOMTE DE MONTFORT

Député.

Mesdames,
Messieurs,

Dans un temps où les questions sociales ont pris la première place dans les préoccupations des penseurs et des philosophes ; à une époque où le devoir le plus étroit s'impose à tous les hommes de cœur, de contribuer, dans la plus large mesure possible, à l'amélioration du sort des déshérités de ce monde, rien n'est plus doux, je vous l'assure, pour ceux que les hasards de l'existence ont jetés dans la vie publique, rien n'est meilleur que de travailler en commun sur ce terrain béni de la Mutualité que vous avez choisi et sur lequel ne pénètrent pas les rivalités mesquines de l'intérêt personnel, ni les ardeurs stériles et desséchantes de la politique.

Des lois nouvelles viendront bientôt, je l'espère, vous encourager, vous aider, vous soutenir ; eh bien ! ces lois qu'il nous appartient de faire, à nous vos élus, c'est vous, Messieurs, qui les aurez préparées par l'exemple, par le fait, par l'expérience, et c'est de toutes, croyez-le bien, la meilleure et la plus profitable des leçons.

En attendant, je voudrais voir ces idées grandes et nobles, de l'Emulation chrétienne, qui sont les vôtres, et dont nous voyons les effets bienfaisants, s'étendre chaque jour davantage autour de nous ; je voudrais les voir pénétrer dans nos campagnes, jusque dans nos villages, apportant à nos populations agricoles, si courageuses et si méritantes, une consolation et une espérance.

En terminant, Mesdames et Messieurs, je le dis à votre grand honneur, dans cette voie féconde de la Mutualité, dans cette marche du véritable progrès, vous aurez été les soldats de l'avant-garde, les champions les plus actifs et les ouvriers de la première heure.

Vous l'avez fait noblement, vaillamment, sous la conduite de celui que je suis heureux de féliciter de nouveau et de remercier au milieu de vous, dans ce jour dont le souvenir doit demeurer impérissable au cœur de tous.

Vous avez le droit, encore une fois, d'être fiers de l'œuvre accomplie, et c'est, dans tous les cas, pour vous tous l'encouragement le plus précieux pour l'avenir.

Je lève mon verre pour boire avec vous, de tout cœur, à la prospérité de l'Emulation chrétienne et à la santé de tous ses membres.

TOAST DE M. CHRISTOPHE ALLARD

Premier Vice-Président d'administration de l'Emulation chrétienne.

MESSIEURS,

« *On est riche de ce que l'on donne* », écrivait Mme Swetchine. Nul n'a plus que M. Vermont compris cette noble pensée et ne l'a plus complètement mise en pratique. Nul n'a plus que lui prodigué les trésors d'une science consommée, d'un dévouement à toute épreuve, d'un zèle pour le bien des autres qui n'a jamais reculé devant aucune difficulté.

On connaît l'admirable règle de conduite de Pasteur : « *En fait de bien à répandre, le devoir ne cesse que là où le pouvoir manque.* » N'est-ce pas ainsi que, depuis vingt-cinq ans, le Président de l'Emulation chrétienne a compris son devoir ?

L'Emulation chrétienne lui devait et se devait à elle-même de célébrer un pareil anniversaire. Elle le fait aujourd'hui par cette fête exceptionnelle. Notre réunion ne devait être à l'origine, dans la pensée des sociétaires, qu'un simple et touchant témoignage de piété filiale ; votre présence ici, chers et honorables Présidents de Sociétés venus de si loin, lui donne aux yeux étonnés de tous une bien autre importance. Spectacle inattendu ! Intime solidarité qui unit entre elles les Sociétés de secours mutuels françaises ! Plus de cinq cents d'entre elles se sont souvenues des services rendus à la cause de la Mutualité : d'un élan aussi généreux que spontané, elles ont tenu à venir s'associer par un témoignage de haute gratitude aux sentiments de l'Emulation chrétienne. La fête de famille est devenue une fête de la Mutualité, et la France entière semble écouter en ce moment l'écho de cette réunion magnifique où plus de cent cinquante mille mutualistes sont représentés.

Salut et merci à vous toutes, Sociétés étrangères à la nôtre par la distance, unies à nous par le cœur !

Grâce à votre concours, nous avons fait aujourd'hui quelque chose de bon, quelque chose de grand : nous avons élevé, à la hauteur des services rendus par celui à qui il s'adresse, le témoignage de notre commune reconnaissance.

TOAST DE M. ROGÉZ.

Vice-Président de l'Union nationale des Présidents de Sociétés de secours mutuels,
Président du Comité régional des Mutualistes du Nord, Conseiller général
de Lille.

MESSIEURS ET CHERS COLLÈGUES,

Je vous apporte, au nom du Comité régional, le salut fraternel des mutualistes
du Nord.

Je suis heureux de pouvoir aussi, au nom de l'Union nationale, me joindre à
vous pour offrir à M. Vermont le témoignage de notre profonde sympathie, de
notre sincère admiration.

La pensée qui a guidé les organisateurs de cette belle manifestation, traduisait
trop bien les sentiments des mutualistes, pour que tous nous n'ayons pas applaudi
avec joie au projet de la fête qui nous réunit aujourd'hui, et qu'avec raison on a
appelée ce matin : la Fête de la Mutualité française tout entière.

Et maintenant qu'ajouterai-je aux éloges si mérités que l'on vient d'adresser à
M. Vermont ?

Depuis vingt-cinq ans, vous l'avez vu à l'œuvre; vous avez pu constater son
zèle, sa persévérance, son énergie infatigable pour donner à l'Emulation chrétienne une extension exceptionnelle qui la place au premier rang des Sociétés
françaises.

Toute la vie de M. Vermont n'a-t-elle pas été consacrée à la cause de nos associations? Ne s'est-il pas toujours inspiré des véritables principes de la Mutualité ?

Doué d'une nature généreuse, notre éminent collègue a compris que la solidarité et la fraternité sont les bases essentielles de notre Institution, qu'y introduire
des règles soi-disant scientifiques et procédant nécessairement de l'esprit d'indivi-
dualisme, ce serait entraver notre essor, arrêter notre développement. C'est parce
que vous avez apprécié, mon cher collègue, combien nos principes sont nécessaires, que vous avez lutté avec tant d'énergie contre les tendances nouvelles,
ne ménageant ni votre temps, ni vos fatigues, multipliant vos conférences que
l'on compte par centaines, portant partout, et même au-delà des mers, la bonne
parole mutualiste.

Par vos études, vos nombreuses publications, vos pétitions, par l'action prépondérante que vous avez exercée dans les congrès de Rouen, Lyon, Marseille, Philippeville, le Havre, Bordeaux, Paris et Saint-Etienne, vous avez puissamment
contribué au rejet de ces mesures néfastes, et à l'amélioration du projet de loi
en première lecture. Vous avez, en un mot, pendant toute la campagne qui a
précédé le vote de la Chambre, redoublé d'ardeur et de vigilance, vous faisant
ainsi le précieux auxiliaire non seulement de toutes les associations mutuelles,
mais aussi de l'Union nationale, et proclamant par là que si « l'union fait la force »,
c'est surtout dans l'œuvre mutualiste que l'accord est nécessaire.

Pour le réaliser, il faut la concentration de tous les efforts, l'unité suprême sur les questions d'ordre général intéressant toute la Mutualité française.

Votre pays, Messieurs, a toujours été à la tête des entreprises généreuses : il a su, aux époques troublées de notre histoire, donner à la France l'exemple du dévouement et du sacrifice.

Et aujourd'hui encore, il montre, par une éclatante manifestation, jusqu'à quel point il sait honorer les vertus et le dévouement de l'un des siens.

Eh bien, noblesse oblige ! Il faut absolument que la Normandie se maintienne au premier rang des progrès mutualistes.

Tout le bien que vous avez déjà fait dit assez le précieux concours que vous apporterez à notre œuvre, dont la seule ambition est de servir, avec tous les mutualistes pratiques, les grandes et nobles causes de la patrie et de l'humanité.

Je bois à M. Vermont, le vaillant apôtre de la Mutualité, à la prospérité de la Société à laquelle il a consacré le meilleur de sa vie et qu'il considère comme sa fille d'adoption ! et permettez-moi d'ajouter : à l'union qui, seule, assurera à nos associations la place d'honneur à laquelle elles ont droit dans les Institutions d'utilité sociale.

A M. Vermont !

A la Société l'Emulation chrétienne de Rouen !

A l'union de tous les mutualistes !

TOAST DE M. DUGUA

Président du Congrès mutualiste du Havre et de la Société mutuelle
de prévoyance des Employés de commerce du Havre.

Mesdames,
Messieurs,

Les orateurs que vous venez d'entendre ont fait allusion à la part si active que M. Vermont a prise dans les divers congrès mutualistes tenus depuis 1882.

Permettez au Président d'un de ces congrès de payer aujourd'hui son tribut d'éloges et de félicitations au dévoué collaborateur, en l'honneur duquel vous êtes réunis dans cette belle fête de famille.

C'était en 1887. Les mutualistes du Havre avaient décidé d'organiser un congrès-concours. Ils y invitèrent toutes les Sociétés françaises de la métropole, de l'Algérie et des colonies. Une des premières adhésions qu'ils reçurent fut celle de l'Emulation chrétienne de Rouen.

Vint le congrès-concours. Les congressistes mirent à leur tête un Havrais (il y avait à cela une raison majeure : un travail important et local devant faire suite au congrès), mais ayant à choisir un premier vice-président, ils acclamèrent M. Henri Vermont.

C'est que déjà sa réputation de mutualiste était établie. C'est que déjà (il y a dix ans de cela), M. Vermont avait acquis une notoriété universelle dans la grande famille des mutualistes français.

Appelé à présider la première section, qui avait à s'occuper des questions ayant trait à la retraite pour la vieillesse, M. Vermont se distingua par son impartialité, par ses connaissances techniques, par son dévouement à toute épreuve.

Je lui en renouvelle ici, publiquement, les sincères félicitations, les meilleurs remerciements de ses amis du Havre, et je le fais avec d'autant plus de franchise que je ne partage, il le sait bien, ni ses convictions personnelles, ni ses aspirations mutualistes (1).

Mais je m'empresse d'ajouter que si je pouvais être converti, ma conversion serait due à l'exemple, à l'éloquence et au savoir de M. Vermont.

En levant mon verre à sa santé, je bois à l'union de toutes les Sociétés de secours mutuels, je bois à tout ce qui leur permet d'échanger leurs idées, à tout ce qui rapproche les hommes et leur fournit le moyen de s'aider, de se connaître et de s'aimer.

TOAST DE M. BLANCHET

Président des Sauveteurs d'Elbeuf.

Mesdames,

Messieurs,

Nous avons tantôt salué en M. Vermont un grand mutualiste ; je vous demande la permission, ce soir, de vous citer un fait qui vous fera applaudir en lui un ardent patriote.

C'était en 1871, à l'époque terrible où la France, accablée, courbait la tête devant son implacable vainqueur. La ville de Rouen était occupée par un corps d'armée prussien, et le général commandant ayant demandé au maire, M. Nétien, de recevoir solennellement le prince royal, venait de s'attirer cette fière réponse : « Votre maître est un soldat, je lui donnerai un billet de logement. »

Quelques jours après, une grande revue de l'armée ennemie était passée aux environs, et la population rouennaise, bien digne de son premier magistrat, arborait partout des tentures et des drapeaux noirs, symbole du deuil qui remplissait son cœur.

Le prince royal, accompagné du maréchal de Moltke et de sa suite, passait sur les quais pour se rendre à la préfecture. Sur le cours Boïeldieu, les officiers, massés devant l'hôtel d'Angleterre, poussaient des hourras, lorsque tout à coup, un homme se glisse le long des maisons, passe à travers la foule compacte d'offi-

(1) M. Dugua préside depuis longtemps, avec autant de succès que de distinction, une Société de prévoyance d'employés de commerce. Cette Société, comme la plupart des Sociétés analogues, a une organisation différente de l'organisation presque universellement adoptée par les Sociétés de secours mutuels proprement es.

ciers qui se pressaient à cet endroit, et, aidé de deux amis qui lui font la courte échelle, escalade la statue de Boïeldieu et la recouvre d'un voile noir. La stupéfaction de nos ennemis fut si grande, devant cette action audacieuse, qu'ils restèrent comme médusés et que nos braves concitoyens purent se retirer sans encombre.

Je vous dois leurs noms : ceux qui faisaient la courte échelle étaient MM. Masqueray et Miette; celui qu'ils aidaient et qui, devant le prince royal de Prusse, a recouvert la statue de Boïeldieu d'un voile de deuil, c'est celui que nous fêtons aujourd'hui, c'est M. Vermont.

Ne trouvez-vous pas, Messieurs, qu'il y a là un de ces actes qui honorent un homme et qui sont une consolation pour des patriotes dans ces jours néfastes?

J'émettais cette après-midi le vœu de voir bientôt briller, sur la poitrine du grand mutualiste Vermont, la croix de la Légion d'honneur; le fait que je viens de vous citer démontre qu'il en est digne à bien des titres, et je termine en exprimant, au nom des 150,000 mutualistes que je représente ici, en votre nom à tous, Messieurs, l'espoir de la prochaine réalisation de ce vœu.

Je bois au futur chevalier de la Légion d'honneur!

Ce toast, plusieurs fois interrompu par les bravos, soulève un enthousiasme général.

TOAST DE M. MARCEL LE GRAND

Président de l'Union des ouvriers et employés de Fécamp, délégué
des Sauveteurs du Midi.

Mesdames,
Messieurs,

La fête charmante qui nous réunit ici me procure le plaisir de remercier le sympathique président de l'Emulation chrétienne, M. Vermont, de toute l'énergie et de tout le dévouement qu'il ne cesse de déployer pour la défense des intérêts mutualistes.

En cette occasion, je suis heureux de dire hautement que, il y a dix ans, lorsque je fus appelé à la présidence de la Société l'Union des ouvriers de Fécamp, je n'avais qu'une vague idée d'une Société de secours mutuels. Il était cependant nécessaire d'avoir un bon pilote afin de remettre à flot ce navire mutualiste qui avait essuyé de terribles tempêtes et qui semblait vouloir sombrer.

Pardonnez-moi cette comparaison, j'habite un port de mer.

J'eus donc recours au mutualiste pratique qui est le héros de cette fête, et, grâce à ses excellents conseils, nous sommes sur la bonne route et nous pouvons naviguer sans crainte vers l'avenir.

Et maintenant, mon cher collègue, permettez-moi de m'inviter à vos noces d'or et d'associer à mes vœux la Société des Sauveteurs du Midi, dont vous êtes aussi le Président d'honneur.

Hier soir, je présidais notre réunion mensuelle, je parlais de la belle fête d'aujonrd'hui, et tous nos braves ouvriers me prièrent d'apporter à leur président d'honneur le merci de leur sincère gratitude.

Je porte la santé de M. Vermont, le grand mutualiste français.

TOAST DE M. BESSELIÈVRE

Conseiller d'arrondissement, Président de l'Emulation chrétienne de Maromme.

M. Besselièvre, dans un toast plein de cœur et d'humour, s'associe aux toasts qu'on vient d'entendre, et notamment au désir éloquemment exprimé par M. Blanchet, et il demande à notre Président de devenir plus mutualiste encore, « en partageant d'avance avec Mme Vermont le ruban rouge que tous les assistants espèrent bien lui voir décerner avant peu. »

TOAST DE M. DECORDE

Doyen et Ancien bâtonnier de l'Ordre des Avocats.

MESDAMES,
MESSIEURS,

J'ai tenu, malgré mes quatre-vingts ans, à m'associer à cette fête si exceptionnelle et si bien justifiée. L'honneur en rejaillit sur le barreau de Rouen tout entier, puisque celui qui en est l'objet est précisément cette année le bâtonnier de notre Ordre, ce qui prouve que partout où il se trouve, M. Vermont est toujours entouré de l'estime qui ne manque jamais à ceux qui ont comme lui l'amour du travail, la droiture du caractère, l'énergie de la volonté et la générosité du dévouement.

On vient de vous rappeler son courage et son patriotisme pendant la guerre, j'en pourrais donner un autre exemple, mais ce serait trop s'attarder à de tristes souvenirs.

J'aime mieux vous dire que l'amitié de M. Vermont est de celles dont on s'honore. Je le connais depuis son enfance, j'ai toujours eu pour lui la plus vive sympathie et je lui dois comme vous une véritable reconnaissance, car si je porte le ruban de la Légion d'honneur, qu'on s'étonne de ne pas lui voir, c'est à lui que je le dois; à lui qui est toujours prêt à payer de sa personne avant les autres quand il s'agit d'un devoir, à lui qui s'efface toujours devant les autres quand il s'agit d'une distinction, d'une récompense.

Je m'unis donc de plein cœur avec vous, Mesdames et Messieurs, dans cette fête de l'honneur et de la reconnaissance; je m'unis à vos désirs et j'espère, avant de mourir, voir à la boutonnière de mon confrère, de mon ami, M. Vermont, le ruban que je lui dois.

En attendant cet acte de justice, je lève mon verre en l'honneur de M. et de Mme Vermont.

TOAST DE M. LEROLLE

Conseiller municipal de Paris.

M. Lerolle rappelle, avec une haute éloquence, que la Mutualité est une des meilleures applications de la grande parole qui résume le Christianisme, et que les mutualistes ont prise pour devise : « Aimez-vous les uns les autres ». Il ajoute que ce sont les hommes les plus convaincus qui sont les plus tolérants, et il félicite doublement M. Vermont, qui n'a jamais caché sa croyance religieuse, de n'avoir jamais voulu l'imposer et d'avoir toujours respecté chez les autres la liberté qu'il réclamait pour lui-même.

« Si M. Vermont a obtenu des résultats qui étonnent, c'est qu'il y a mis tout son cœur en même temps que toute son intelligence, c'est qu'il a été soutenu par sa foi et par son patriotisme, c'est que ses brillantes facultés ont trouvé dans la Mutualité ce levier qu'Archimède demandait pour soulever le monde. »

TOAST DE M. ROBERT

Conseiller municipal de Rouen, administrateur de « l'Alliance ».

M. Robert remercie les délégués de l'Émulation chrétienne de l'avoir convié à cette fête mutualiste organisée pour célébrer les noces d'argent de leur Président, le récompenser de son dévouement à la Société, que particulièrement il affectionne, et aussi de la part active qu'il a prise en toutes circonstances, pour répandre dans notre pays les salutaires principes de Mutualité.

Cela lui rappelle que déjà, en 1883, à la suite du Congrès national de Lyon, aux travaux duquel M. Vermont avait très utilement coopéré, il avait été invité, avec de nombreux délégués des Sociétés de Rouen, à une aussi flatteuse manifestation, et il ajoute que celle d'aujourd'hui, plus importante encore, n'est qu'un juste hommage rendu à l'un des plus zélés défenseurs de la cause mutualiste.

M. Robert termine par un toast :

A l'extension et à l'union de toutes les Sociétés de secours mutuels ;

A tous ceux qui, à quelque titre que ce soit, se font les apôtres d'une doctrine éminemment réparatrice et humanitaire ;

Et particulièrement à celui à qui vous avez toujours confié, depuis un quart de siècle, la mission de diriger et se développer votre œuvre si utile, à M. Vermont, votre dévoué président.

TOAST DE M. C. BOUET

Président de la Société des anciens militaires coloniaux de Rouen,
au nom des Présidents de Rouen

MESDAMES,
MESSIEURS,

Lorsqu'il y a vingt-cinq ans, en l'appelant à la présidence de l'Emulation chrétienne, vous avez sollicité M. Vermont, le premier mutualiste de France, vous avez cru servir les intérêts de votre Société, et vous avez réussi au-delà de vos désirs. Mais, sans vous en douter, vous avez fait bien plus, vous avez rendu un service signalé à toutes les Sociétés de secours mutuels de France. Car, si votre Président vous a donné son concours le plus actif, le plus dévoué, le plus fructueux, son activité et son talent ont su embrasser un horizon beaucoup plus vaste et ont été profitables à la Mutualité en général.

Je vous invite, au nom des Présidents de Rouen, à lever votre verre à la santé du savant, de celui qui a su démontrer que, lorsqu'il s'agissait de Sociétés de secours mutuels, la théorie mathématique s'embrouillait dans ses calculs, parce qu'elle oubliait deux facteurs : l'expérience et le dévouement.

Mesdames, Messieurs, je bois à la prospérité de la Société l'Emulation chrétienne, et à la santé de M. Vermont. Puisse-t-il rester votre président longtemps, bien longtemps.

TOAST DE M. HAREL

Second Vice-Président d'administration.

En célébrant la fête des noces d'argent de présidence de M. Vermont, nous tenons à remercier avec lui tous ceux auxquels nous devons notre prospérité, ceux qui ont le plus contribué, avec les ouvriers, à la fondation de notre Société.

Ce sont nos Présidents : MM. Carpentier, ouvrier sellier, fondateur, Allard, père, notaire, et Leroy, et les Présidents de notre Conseil honoraire, MM. Chéron, conseiller à la Cour; Le Tendre de Tourville, président de Chambre, et Eugène Niel.

Notre Société a eu le bonheur de trouver des médecins savants et dévoués.

Elle a aussi le bonheur de voir se multiplier le nombre de ses membres honoraires, de ses donateurs et de ses bienfaiteurs, parmi lesquels nous comptons en première ligne notre dévoué président;

Messieurs, je bois à la santé de nos médecins, de nos membres honoraires, de nos donateurs et de nos bienfaiteurs et du plus grand de tous, M. Henri Vermont.

TOAST DE M. SUCHETET

Conseiller d'arrondissement, Président de la Société de secours mutuels du canton de Goderville.

MON CHER AMI,

Parmi les toasts que je viens d'entendre, je remarque qu'il ne vous en a point été porté au nom de la Mutualité rurale, au développement de laquelle vous avez si grandement contribué. Voulez-vous me permettre de combler cette lacune, afin qu'un Président de campagne ait, lui aussi, l'honneur de boire à votre santé?

TOAST DE M. LE ROY

Doyen des Médecins de l'Emulation chrétienne.

MONSIEUR LE PRÉSIDENT,

Les huit docteurs de notre ville qui soignent la santé de vos sociétaires ont désiré qu'en ce jour de fête un petit compliment vous fut adressé de leur part; daignez l'agréer.

Il y a quelque temps, vous faisiez une conférence à vos confrères du barreau, comme bâtonnier de leur Ordre, et vous leur retraciez la vie de l'un de vos prédécesseurs dans ce poste éminent, la vie de Me Senard. Vous leur disiez que Senard n'appréciait rien tant que l'estime publique, qu'il la mettait au-dessus de la fortune, au-dessus des plus grands succès oratoires. Cette estime publique si désirable, vous la possédez aussi, Monsieur Vermont, et ce qui est mieux, vous possédez l'attachement profond des hommes qui, guidés par vous, défendent leurs foyers contre les surprises du sort, contre le chômage de la vieillesse, contre la maladie et contre la mort.

Les notables de la ville et les humbles se réunissent aujourd'hui pour fêter vos vingt-cinq ans de dévouement, pour rendre hommage à l'intrépidité du premier mutualiste de France.

Vous êtes allé aux quatre extrémités de notre pays, jusque dans nos provinces algériennes, provoquer l'étreinte des mains ouvrières entre elles, et les ouvriers de notre ville, en reconnaissance de ces généreux efforts, vous ont donné leur affection.

C'est qu'en effet l'estime publique ne suffit pas à payer un tel apostolat, et le don que les ouvriers de Rouen vous ont fait de leur cœur règle mieux la dette.

Les plus grands des biens auxquels on puisse atteindre : triomphes du palais, fortune, estime publique même, ne valent pas ce tribut des cœurs qui est la juste récompense de toutes vos peines. Que de fatigues et de démarches pour porter au loin la bonne parole, pour propager les bienfaits de la solidarité! Que de choses à prévoir dans la direction d'une association nombreuse! Que de soucis la nuit et le jour!

Pendant vingt-cinq ans vous vous êtes employé tout entier, corps et âme, à combattre les misères inséparables de toute vie humaine ; mais aussi, quels élans dans les cœurs ! Senard avait bien raison de dire que l'estime publique est un bien précieux ; mais la conquête des cœurs est plus précieuse encore ici-bas, et elle est en haut la plus radieuse, la plus glorieuse de toutes les conquêtes.

Après la prose, les vers. M. Tannery, ancien instituteur, fondateur et secrétaire de l'Union fraternelle de Romilly-sur-Andelle, nous lit d'une voix forte un *Hommage à M. Henri Vermont, Président de l'Emulation chrétienne*, qu'il termine ainsi :

> Vos vingt-cinq ans de Présidence
> Vous font un brillant piédestal.
> Demandons à la Providence
> De bénir ce jour triomphal !
> Toujours qu'aux rives de la Seine
> Votre beau nom soit répété :
> Vaillant vous fûtes à la peine,
> A vous gloire, immortalité !

Du fond de la Russie, M. Paul Gaudray adresse au Président de l'Emulation chrétienne cette délicate épître :

> Vingt-cinq ans ! Regardez votre œuvre : elle grandit.
> Son progrès continu que l'espoir enhardit
> Fait plus nombreuse la famille qui vous aime.
> Honneur au guide sûr ! Honneur au bras qui sème
> Le froment prodigué pour les moissons d'amour.
> Votre champ de bienfaits s'enrichit chaque jour,
> Fécond, grâce au labeur infatigable et rude.
> Seule, une herbe n'y peut croître, — l'ingratitude.

Un membre honoraire, M. Montier, avocat à la Cour d'appel, nous fait entendre cette magnifique poésie :

> Ce soir, au son flatteur des vivats de victoire,
> Qu'à votre seul aspect, rien ne peut retenir,
> Le passé difficile et la présente gloire
> Se lèvent, groupe uni dans notre souvenir.
> Vous avez travaillé pour le grand œuvre, ô maître,
> Le dressant par degrés sur l'obstacle aplani.
> Vous pourriez être fier, si vous le vouliez être :
> Aussi bien que vainqueur, votre nom est béni !
>
> Votre gloire, d'orgueil ne fut pas entachée,
> Vos seuls bienfaits vous ont distingué parmi nous.

Homme vibrant, la corde en notre âme touchée
A résonné l'amour dans les âmes de tous.
Votre main s'est tendue à la main prévoyante.
Comme un ami fidèle, ils vous nommaient entre eux,
Votre gloire est paisible ; elle est aussi brillante,
Car, c'est le reflet pur des cœurs, par vous heureux.

Parmi les novateurs aux grandes théories
Qui parlent pour le peuple, et s'agitent en vain,
Vous avez appliqué sur les âmes meurtries
Le remède, en usant du précepte divin ;
Aimez-vous ! — et joignant au précepte, vous-même,
L'exemple qui les a convaincus et charmés,
Pour leur montrer comment dans l'amour vrai, l'on aime,
Ainsi que vous savez, vous les avez aimés...

Ouvriers sans travail, orphelins sans familles,
Vieillards qu'à leur déclin guette un lit d'hôpital,
Femmes n'osant plus même enfanter, — jeunes filles
Dont la misère eut fait vite un butin fatal,
Ils se sont maintenus tous à votre parole.
De leurs cœurs ébranlés vous êtes le tuteur,
Et par eux votre front est ceint de l'auréole
Qui marque aux rachetés les fronts de rédempteur.

Qu'ils sont beaux, ceux qu'ainsi groupa votre sagesse :
Econome ouvrier, fier d'un humble logis,
Prévoyant l'avenir, cherchant à sa vieillesse
La dignité qu'il faut pour enseigner ses fils,
Du triste abaissement où conduit la misère
Se gardant par avance et se sauvant par vous,
De fils respectueux devenant heureux père
Et, digne de lui-même, aussi digne de tous.

Vous avez enflammé la France à votre zèle,
Car vous portez partout le flambeau de la paix.
Devant un tel amour la haine se musèle
Et le jaloux lui-même a vanté vos bienfaits,
Oh ! certes, vous avez peiné pour la défendre
Cette œuvre, votre seul et généreux souci.
Mais ce succès, forcé, ne s'est pas fait attendre.
Ce fut votre labeur, c'est votre gloire aussi.

O Vermont ! si parfois l'exquise modestie
Vous fait oublier les bienfaits que l'on vous doit,
S'effarouche des mots que notre sympathie
Joint ce soir aux vivats en un vers maladroit,

> Ne parlons pas d'honneurs, de gloire et de couronne,
> Mais pour le moins, laissez la main des travailleurs
> Vous dire, en serrant bien votre main qui se donne :
> Parmi nos vrais amis, vous êtes des meilleurs !

Il semble que les toasts et les remerciements soient terminés, mais voici que, conduite par M. Harel, un bouquet à la main, une jeune fille s'avance ; elle s'approche de Mme Vermont et, comme elle est toute petite, M. Dussaussoy la fait monter sur une chaise pour que tout le monde l'entende.

La gentille enfant est la fille d'un de nos plus anciens sociétaires, M. Lecat. C'est d'une voix bien distincte qu'elle adresse à Mme Vermont ce compliment :

MADAME,

Notre Société est une grande famille, elle réunit le père, la mère et l'enfant. On m'a dit que vous n'aviez pas d'enfant et que, depuis bien des années, nous vous privions souvent de votre mari.

On m'a dit aussi que son dévouement ne pourrait pas se comprendre sans le vôtre.

Je ne suis qu'une petite fille. Je suis sûre que je vous ferai plaisir, en vous assurant que dans nos maisons ouvrières, quand on parle de M. et de Mme Vermont, tout le monde dit : Quels braves gens ! Voilà des cœurs d'or.

Nous sommes de votre famille, Madame, et nous vous aimons bien.

Dès les premiers mots, Mme Vermont n'a pu retenir ses larmes, et quand l'enfant s'approche d'elle pour lui remettre le bouquet, elle la couvre de baisers.

Notre Président se lève enfin. Sa voix pénétrante augmente encore l'émotion qui semblait à son comble.

TOAST DE M. VERMONT

Président de la Société.

MESDAMES,
MESSIEURS,

Je ne trouve pas de paroles pour dire ce que j'éprouve.

Comment vous remercier ?

Tout ce que j'ai vu, tout ce que j'ai lu et entendu aujourd'hui, est tellement au-dessus de mon mérite !

Mais aussi, quelle joie !

Je vois mon rêve réalisé, nos convictions trop longtemps méconnues s'affirment et s'imposent ; hier, le Parlement commençait à nous entendre ; demain, l'écho de cette fête inoubliable achèvera de le convaincre.

Nous ne sommes pas seulement le seul obstacle qu'on puisse opposer à la misère, nous sommes le grand lien patriotique et social.

Malgré nos discordes, malgré nos préjugés, malgré tant d'excitations coupables et haineuses, nous prouvons en ce moment qu'il y a encore en France, comme je l'ai dit tant de fois, un terrain neutre où tous les hommes de cœur se rencontrent.

La Mutualité a fait ce miracle !

J'oublie, grâce à vous, mes travaux et mes luttes. Mes yeux ravis constatent ce qu'on déclarait impossible. Il n'y a plus de riches ni de pauvres, d'animosités religieuses ni de questions politiques. L'absolu respect des droits de chacun assure parmi nous la liberté de tous, et sans niveler les rangs ni les distances, nous avons par la grandeur même du but que nous poursuivons, rapproché les esprits et les cœurs.

Arrière les divisions et les rancunes ; arrière les ambitions personnelles et les mesquines jalousies. Cette fête a pris des proportions inattendues et ce sera l'orgueil de ma vie d'en avoir été l'occasion.

Mais ce n'est pas là fête d'un homme, ce n'est pas même la fête d'une Société, on l'a dit avec raison : c'est la fête d'une idée, et je la résume en deux mots, en vous conviant à lever avec moi vos verres :

Au triomphe de la Mutualité !

A la grandeur de la France !

Une immense clameur suit ces paroles : Vive la France ! Vive notre Président ! Tous étaient debout, enthousiasmés ; la reconnaissance pour un homme avait fait place à un sentiment plus élevé, l'amour du pays enflammait tous les cœurs.

Puis la Chorale nous fit entendre à nouveau la Cantate à la Mutualité, et le père Pépin une de ces chansons de circonstance qu'il savait si bien faire et si bien dire (1).

Onze heures sonnaient, il fallut se séparer.

Le souvenir d'une telle fête est de ceux qui ne s'oublient pas.

(1) M. Pépin, ancien ouvrier teinturier, gardien du Beffroi et chanteur populaire, a fait longtemps partie de notre Conseil d'administration. C'était un des types les plus connus de la ville de Rouen ; il joignait à beaucoup d'esprit, beaucoup de cœur et de bon sens.

Il est mort peu de temps après cette fête, en sortant d'un de nos concerts du dimanche où, malgré ses quatre-vingts ans, il s'était, comme toujours, fait applaudir. Nous lui avons élevé, par souscription, un modeste tombeau au Cimetière-Monumental.

AUTOUR DE LA FÊTE

Une manifestation aussi exceptionnelle devait avoir de nombreux échos. Les journaux de Rouen, à l'exception d'un seul qui feignit de l'ignorer, en publièrent de longs et enthousiastes récits; ils furent résumés ou partiellement reproduits de tous côtés.

Nous ne saurions trop remercier les publicistes qui, dans cette occasion, prouvèrent une fois de plus, avec le désir de renseigner leurs lecteurs, l'intérêt qu'ils portent à la Mutualité.

Pour éviter les redites, nous nous contenterons de quelques citations :

Le Journal, Paris :

Rouen. — Avant-hier, événement considérable, 500 Sociétés de secours mutuels, représentant un total de plus de 150,000 membres, se sont réunies à la Société l'Émulation chrétienne pour célébrer les noces d'argent de son Président, M. Henri Vermont, bâtonnier de l'ordre des avocats, le champion de la Mutualité, au milieu d'une affluence considérable.

Le Ministre de l'Intérieur avait désigné, pour le représenter, M. Hendlé, préfet de la Seine-Inférieure.

L'Union mutuelle du Nord, organe des Sociétés de secours mutuels et de prévoyance du Nord, tint à s'associer à nous par ce court et significatif entrefilet :

Nous avons lu avec le plus vif intérêt, dans les journaux de la Seine-Inférieure, le compte rendu des fêtes splendides qui ont eu lieu à Rouen, en l'honneur de M. Vermont, Président de la grande Société de secours mutuels de cette ville.

A tous les compliments, à toutes les félicitations qui lui ont été adressés, nous venons joindre bien sincèrement les nôtres, et nous formons les meilleurs vœux en faveur de ce vaillant champion de la Mutualité.

E. R.

M. le Dr Gyoux, président du Syndicat girondin et du Congrès de Bordeaux, signala fort aimablement, dans l'*Echo girondin,* organe des mutualistes du Sud-Ouest, notre fête ; il était un des signataires de la lettre des Présidents.

La Mutualité de Paris, organe de l'Union nationale, fut encore plus élogieuse et reproduisit plusieurs des toasts en s'y associant absolument. Un de ses principaux rédacteurs, M. Savigny, secrétaire général de l'Union, joignit spontanément son nom à la lettre d'invitation des Présidents.

Le Mutualiste Lyonnais fit plus encore, et après s'être joint à nous de la manière la plus chaleureuse, il consacra à notre Président, par la plume autorisée de M. V. D...., ancien président du Comité général des présidents de Lyon, l'article suivant :

M. VERMONT. — Voilà un nom béni qui rappelle de bien longs et de bien utiles services rendus à la Mutualité.

Aussi, quels justes témoignages de vive et générale reconnaissance vient-on de lui donner, dans la ville même de Rouen, dont les avocats l'ont placé en qualité de bâtonnier de leur ordre, à la tête de ce grand barreau.

C'est que, d'abord, depuis vingt-cinq ans, M. Vermont préside avec dévouement et succès la grande Société mutuelle l'Emulation chrétienne.

C'est qu'ensuite, depuis quinze ans environ que le nouveau projet de loi sur les Sociétés de secours mutuels est l'objet de tiraillements dans les deux Chambres législatives, M. Vermont n'a pas cessé de lutter pour le faire rejeter, ou modifier et améliorer.

Nous savons tous quel talent, quelle compétence et quelle persévérance il a déployés à ce propos.

Sa plume, sa parole, son admirable dévouement ne se sont pas ralentis un seul instant.

Nous avons été heureux de les retrouver dans les revues, dans les conférences, dans les congrès, dont le premier, d'ailleurs, a été organisé et inauguré à Lyon par un mutualiste de cette ville, dont chacun connaît la distinction et le mérite : M. Auguste Bleton.

Aussi nous sommes-nous associés de grand cœur à la fête magistrale qui vient d'être donnée, à Rouen, en l'honneur de M. Vermont.

C'est à la Mutualité tout entière qu'il a rendu service, non seulement en donnant le salutaire exemple d'une grande Société exceptionnellement bien administrée, mais aussi en combattant des théories émanant de politiciens qu'il appelait des mutualistes en chambre et qu'il considérait comme néfastes pour les intérêts sociaux.

Aussi, notoirement en opposition avec ceux qui prétendaient substituer aux sentiments généreux certains calculs égoïstes, qualifiés de scientifiques, il s'est efforcé de commenter avec éloquence cette grande idée, toute chrétienne, qui, en réalité, a présidé à la naissance et au développement des Sociétés de secours mutuels.

Aimons-nous et aidons-nous les uns les autres. Rappelons-nous que le propre de nos Sociétés est de préserver de la misère et de l'envie les moins heureux de ce monde, comme aussi de garantir contre l'égoïsme ceux qui y sont plus favorisés.

C'est en partant de ce point de vue que, dans cet ordre d'idées, M. Vermont s'est attaché à combattre toutes dispositions législatives qui tendaient à accentuer les spécialisations de recettes, ainsi que la préférence donnée sur le fonds commun aux livrets individuels.

Sous le couvert magique de ce grand mot de réforme, qui masque si souvent le vide, quand ce n'est pas le danger, certains politiciens refusant de reconnaître le bien fait avant eux, par d'autres qu'eux ou leurs amis, avaient proposé des modifications qui non seulement auraient dénaturé notre Institution, mais lui auraient encore infligé le fléau dont nous souffrons, des fonctionnaires et des salariés, pour remplacer ses administrateurs actuels, dévoués et désintéressés.

Le projet de loi sur les Sociétés de secours mutuels va venir en discussion de nouveau, devant la Chambre, qui l'a fixé des premiers à son ordre du jour de rentrée. Voilà quinze ans qu'il se promène sur le chantier législatif, et ce temps, grâce surtout à M. Vermont, n'a pas été perdu pour les intérêts mutualistes, très menacés depuis la disparition de M. Maze.

Il revient aujourd'hui, bien amélioré, malgré les défectuosités qui subsistent.

L'auteur de l'article résume alors et combat les dispositions du projet de loi les plus contraires à nos intérêts financiers et à notre organisation, et il rappelle « la part extrêmement utile que M. Vermont a prise dans ce débat. » Il termine ainsi :

Que M. Vermont nous permette un vœu bien sincère en terminant, c'est qu'au milieu de ses multiples occupations, sa santé reste toujours à la hauteur de son talent et de son intelligent dévouement aux intérêts de la Mutualité française.

Ce qu'il y eut de plus significatif dans notre fête, fut le concours inattendu de tant de Sociétés étrangères qui, non contentes d'y souscrire, saisirent avec empressement cette occasion de prouver à notre Président leur reconnaissance et la manière dont elles appréciaient les éminents services qu'il a rendus à la Mutualité française tout entière.

Parmi les centaines de lettres qui, de tous les coins de la France nous furent adressées, en voici quelques-unes ; nous les reproduisons sans autre souci que d'en varier la provenance, car, en des termes différents, toutes expriment les mêmes pensées et les mêmes sentiments.

Nous n'en citons aucune de notre région. Il serait trop difficile de faire un choix, et puis, les Mutualistes du 12e Collège électoral ont fait mieux qu'écrire, ils ont, dès le premier tour du scrutin, élu notre Président membre du Conseil supérieur de la Mutualité.

MARSEILLE (1)

La Société « la Marseillaise » est heureuse de s'associer de cœur à tous les nombreux amis qui salueront et célèbreront, ces jours prochains, vos noces d'argent de mutualiste.

Avoir mis pendant 25 ans votre intelligence et votre dévouement au service d'une grande institution locale de prévoyance et de philanthropie, telle que l'Emulation chrétienne de Rouen ; soutenir de plus, partout, et propager par la plume et par la parole les principes féconds de la Mutualité ; en défendre et en justifier, avec une infatigable ardeur, les légitimes revendications ; tel a été votre rôle dans toutes les circonstances qui constituent, pour ainsi dire, l'histoire contemporaine de la Mutualité, — et ce rôle vous a justement mérité l'admiration et la reconnaissance de tous ceux qui poursuivent, d'un véritable amour, l'amélioration du sort des classes laborieuses.

Ainsi le comprend notre « Marseillaise », et voilà pourquoi, sur le désir formel, et après le vote unanime du Conseil d'administration, je viens vous exprimer nos sincères félicitations pour le passé, et nos souhaits les plus affectueux pour l'avenir.

Dieu veuille vous accorder encore de longs jours, et qu'il vous soit permis, dans l'intérêt supérieur de la Mutualité, de célébrer vos noces d'or !

Veuillez aussi, Monsieur et cher Collègue, agréer l'hommage de ma profonde sympathie personnelle.

E. DELIBES, ✳,

Président de « la Marseillaise »,

Agrégé de l'Université, ancien conseiller général.

Nous venons d'apprendre, avec le plus vif plaisir, que les membres de la Société de secours mutuels « l'Emulation chrétienne de Rouen » se proposaient de fêter avec éclat les noces d'argent de leur vénéré président.

Le Conseil d'administration de notre Société, heureux de s'associer à cette fête donnée en votre honneur, nous a chargés, par un vote unanime, de vous exprimer ses sentiments de profonde sympathie.

La situation que vous vous êtes créée dans le monde mutualiste et tous les gages d'intelligence, de travail, de désintéressement et d'énergie que vous avez donnés, nous font un devoir de manifester notre estime et notre reconnaissance à l'un des plus zélés défenseurs de la cause mutualiste.

---

(1) On trouve dans le discours de M. Blanchet, page 65, un extrait de la très chaleureuse lettre écrite par M. Bonniot, président du grand Conseil de Marseille au nom de ce Conseil.

Aussi, souhaitons-nous ardemment que vous restiez pendant de longues années encore à la tête de votre belle et brillante association.

Veuillez agréer, monsieur le Président et collègue, l'assurance de nos sentiments les plus affectueux,

PAGÈS, ※,

Président de la Société philanthropique des commis et employés de Marseille.

LILLE

C'est de bien grand cœur que je viens m'associer à la fête mutualiste qui se prépare en votre honneur. Depuis longtemps nous savons, dans le Nord, que vous êtes toujours sur la brèche pour combattre le bon combat en faveur de la prévoyance et de la solidarité. Vos discours, vos brochures, vos articles de journaux sont parvenus jusqu'à nous et ont entretenu chez tous les mutualistes, le feu sacré qui est nécessaire pour l'accomplissement d'une grande œuvre comme celle de la Mutualité. A tous ces titres, vous avez bien mérité de la classe laborieuse, et il n'est que juste de vous en faire gloire. Je suis heureux, comme confrère et comme collègue, de vous apporter en cette circonstance mémorable, mon tribut de félicitations et d'éloges qui vous est légitimement dû.

Eugène ROCHE

Président de la Société des Voyageurs et Employés du Nord, et de l'Union des Sociétés de secours mutuels du Nord.

PARIS

Le Conseil d'administration de la Société de secours mutuels l'*Union des Travailleurs du tour de France*, dans sa séance du 23 mars 1897, m'a, par un vote unanime, chargé de vous transmettre, à l'occasion de vos vingt-cinq années de présidence de la Société l'Emulation chrétienne, l'expression de sa vive sympathie et de sa reconnaissance pour les services que vous n'avez cessé de rendre à la Mutualité entière, et forme des vœux pour que vous soyez longtemps celui que nous devrions appeler le premier mutualiste de France.

Pour le Conseil d'administration :

BLANCHET, Président.

J'adresse mes sympathies cordiales à l'homme de bien qui, s'élevant au-dessus des mesquineries d'école ou de parti, pratique avec désintéressement cette vertu moderne : la solidarité.

Je souhaite qu'une distinction méritée sanctionne un jour officiellement l'œuvre salutaire à laquelle votre nom restera attaché, mais quoi qu'il advienne de cet

92

hommage, tardif à s'affirmer, vous êtes de ceux qui, mentionnés ou non, peuvent regarder le chemin parcouru, avec l'approbation du « moi » intime.

Constant Déville, ✸,
Membre ouvrier du Conseil supérieur du travail
et de plusieurs Mutualités parisiennes.

Je suis bien privé de ne pouvoir porter à l'Emulation chrétienne le témoignage de mes sympathies et de mon admiration pour ses brillants succès, et de saluer en M. Vermont un des plus ardents apôtres de la Mutualité française.

O. Lami, ✸,
Rapporteur ou Secrétaire général de la section d'Economie sociale,
aux Expositions d'Anvers, de Paris (1889) et de Chicago.

LYON

Je serai de cœur avec vous. Insister sur la part que je prendrai à cette manifestation est inutile. M. Vermont me connaît assez pour ne pas douter de la sincérité de mes sentiments. Voilà quatorze ans bientôt que nous nous sommes rencontrés, travaillant à l'œuvre commune. Il a toute mon estime comme j'espère avoir acquis la sienne. Nous sommes soutenus par le même amour de la Mutualité : nous y avons apporté le même désintéressement.

A. Bleton, ✸,
Président du Congrès national de Lyon,
Ancien président du Conseil général des présidents de Lyon.

C'est avec un bien vif plaisir que ma Société et moi, nous nous associons à la fête qu'on organise, à propos de vos noces d'argent, à la présidence de votre grande et exemplaire Société.

Si cette dernière est justement fière du mutualiste éminent qui est à sa tête depuis vingt-cinq ans, toutes les Sociétés françaises qui ont pu se rendre compte de ce que vous avez fait pour défendre leurs intérêts, me semblent avoir contracté envers vous une véritable dette de reconnaissance.

Pour les mutualistes pratiques, votre parole et votre plume ont été comme un rempart; et, pour les simples théoriciens, comme une lumière garantissant nos chères Institutions de certaines modifications dangereuses et nuisibles.

Votre talent d'écrivain et de conférencier, toujours éveillé et toujours sur la brèche, est resté constamment à la hauteur de votre zèle et de vos connaissances spéciales approfondies.

En prenant notre part de la joie que va causer votre fête, nous ne nous bornons pas à satisfaire un sentiment intime et personnel, nous croyons nous associer à un acte de véritable justice.

Veuillez agréer l'assurance de nos sentiments confraternels d'affection et de haute estime,

Victor DUQUAIRE,
Président honoraire du Comité général des présidents de Lyon,
Président de la 248ᵉ Société de secours mutuels.

PHILIPPEVILLE (ALGÉRIE)

Personne n'a oublié ici les quelques journées que vous y avez passées. Les mutualistes algériens se rappellent les brillantes soirées dues à votre présence; ils ont toujours présentes en leur cœur les paroles vibrantes, passionnées pour le bien public que vous avez fait entendre dans la magnifique conférence donnée au théâtre de Philippeville, le 16 septembre 1890. Nul n'a perdu le souvenir des excellents avis donnés par vous dans les joutes oratoires qui ont marqué de traits lumineux le Congrès-Concours mutualiste de Philippeville.

Et moi qui ai contribué à l'organisation de ce Congrès, qui vous ai admiré dans votre foi ardente à notre cause, qui ai eu avec vous des luttes courtoises sur des questions d'un domaine plus personnel ; moi dont certaines idées dérivent de considérations quelque peu opposées à celles dont vous vous inspirez, mais pour qui vous êtes un esprit imbu d'une cause à laquelle vous sacrifiez votre temps, votre fortune, votre vie, je ne vois en vous que l'apôtre sans cesse grandissant de l'idée mutualiste. En cette qualité, je considère comme un devoir sacré de vous le dire librement, sincèrement dans la circonstance qui s'offre à moi.

Les mutualistes de France vous préparent une fête sans précédent. Je ne puis parler qu'au nom d'un nombre restreint de mutualistes algériens et au mien ; serais-je seul que je me ferais gloire de joindre ma voix dans le concert qui se prépare et qui doit vous procurer une bien douce satisfaction.

C'est donc avec la plus vive joie que je vous prie d'agréer, cher et honoré Monsieur Vermont, l'expression de ma profonde gratitude et de mon inaltérable autant que respectueuse affection,

BELTCAGUY, ✽,
Capitaine-Président de la Société de secours mutuels des sapeurs-pompiers,
Président d'honneur du Congrès-Concours mutualiste algérien.

RENNES

Tous les Présidents des diverses Sociétés de secours mutuels de Rennes me chargent de vous dire combien tous nous sommes fiers de vous avoir eu comme délégué au Congrès de Saint-Etienne, et quelle profonde reconnaissance nous vous devons pour le zèle incessant et l'infatigable dévouement que vous avez toujours déployés pour la défense de la cause de la Mutualité.

94

Aussi est-ce avec la plus grande joie que nous nous associons de tout cœur à tous les mutualistes qui ont tenu, à l'occasion de cette belle fête, à vous prouver combien ils ont su apprécier les services que vous avez rendus à la Mutualité, dont vous vous êtes fait l'ardent propagateur autant que le compétent défenseur.

Notre vœu bien sincère est que cette croix d'honneur, que vous avez si bien méritée, et dont l'oubli à votre égard me laisse un tant soit peu perplexe, soit bientôt attachée sur votre poitrine et être le gage de notre reconnaissance.

Nous faisons tous des vœux de vous avoir longtemps encore notre plus ferme défenseur,

GRIMONPREZ,

Président de l'Union générale des Sociétés de secours mutuels de Rennes,
Secrétaire général de la Société municipale.

SAINT-ÉTIENNE (LOIRE)

Permettez à un humble soldat de l'idée mutualiste de profiter de l'occasion qui lui est offerte par la célébration de vos noces d'argent de Président pour vous adresser ses félicitations les plus chaleureuses et les plus sincères pour le zèle et le dévouement que vous apportez à défendre et à développer nos plus chères institutions.

POYET, ※,

Trésorier de la Société de secours mutuels des instituteurs et des institutrices de la Loire; secrétaire de la Société de secours aux orphelins de l'enseignement primaire de la Loire.

A notre grand regret, l'énorme distance qui nous sépare de Rouen ne nous permet pas, à M. Joly (1) et à moi, de nous trouver au milieu de vous le 4 avril prochain et de partager votre joie, cependant vous pouvez être assurés que la Mutualité forézienne s'associe à vous de cœur et vous félicite de l'heureuse inspiration que vous avez eue de témoigner votre reconnaissance à votre si dévoué Président.

MONTMETERME, ※;

Président de l'Union des Sociétés de secours et de prévoyance mutuelle de la Loire.

Je ne saurais laisser passer cette date sans vous exprimer du fond du cœur toute ma reconnaissance pour tous les services que vous avez rendu à notre grande œuvre, soit par vos écris que je connaissais depuis longtemps, soit par votre belle et persuasive parole que j'ai eu l'honneur et le plaisir d'entendre aux Congrès de Bordeaux et Saint-Étienne et qui ont contribué pour une très large part aux améliorations qui ont été ou doivent être accordées à nos Sociétés.

(1) M. Joly, ※, président du Congrès de Saint-Étienne, est un des signataires de la lettre d'invitation aux Présidents.

A l'occasion de vos Noces d'argent, je fais les vœux les plus sincères pour que vous trouviez une récompense à votre dévouement dans l'adoption définitive de nos revendications et que votre zèle et votre désintéressement soient un exemple pour un grand nombre de personnes qui pourraient donner un peu de leur temps et de leur talent, sinon de leur argent, à la classe honnête et intéressante des Mutualistes.

B. DURAND,

Président de la Société des Coiffeurs, Secrétaire de l'Union de la Loire.

Nous croirions manquer à notre devoir si nous ne saisissions l'occasion qui nous est offerte en ce jour, de vous exprimer nos sentiments de gratitude pour les services que vous avez rendus à notre noble cause. Aussi, nous vous les transmettons avec d'autant plus de plaisir qu'ils ne sont certainement qu'un faible gage de reconnaissance à côté des sacrifices que vous avez faits pour la cause des travailleurs.

Par vos écrits, vos conférences inultipliées, vous avez encouragé les Institutions mutualistes en formation et aplani beaucoup de difficultés pour celles qui se formeront à l'avenir, lesquelles vous diront assurément comme nous vous disons aujourd'hui : Merci.

P. HUPIL,

Président de la Société des Rubaniers et Veloutiers.

BRIVES (Corrèze)

Les nombreux et éminents services rendus par M. Vermont à la Mutualité sont si incontestables et si universellement appréciés, que, sans hésitation et de grand cœur, la Société de secours mutuels de Brives est heureuse de s'associer à un témoignage d'estime et de reconnaissance si complètement justifié.

Le Président,

M. MARTINE, ✳.

ROANNE

Nous nous associons de tout cœur pour fêter avec vous les noces d'argent de M. Vermont, le défenseur de la Mutualité française.

Malgré l'espace qui nous sépare de vous, nous avons su, en maintes circonstances, et notamment l'année dernière, à Roanne, au Théâtre municipal, apprécier le vrai mutualiste, à la parole vibrante et chaude, l'homme philanthrope, le vaillant champion, le vrai et intègre défenseur de l'émancipation des Sociétés de secours mutuels.

Au nom de notre Société, bonne chance, bonne santé et surtout longue vie au brave M. Vermont, pour qu'on profite longtemps des principes et des idées qu'il a si ardemment soutenues et des adeptes qu'il aura faits pendant sa longue carrière.

DREVARD, Président
et le bureau de l'Union métallurgique de Roanne.

LIMOGES

La Fraternelle des Sabotiers.

En ce beau jour, désireux de nous associer de tout cœur à nos collègues, nous adressons avec nos félicitations, l'expression de notre vive sympathie à M. Vermont, le dévoué mutualiste.

BOURGES

C'est avec plaisir que les Membres de la Société de Secours mutuels des Ouvriers de la Fonderie de canons de Bourges, se joignent à leurs nombreux camarades, dans le but de vous témoigner toute leur estime et leur sincère reconnaissance pour tout ce que vous avez fait pour la Mutualité française pendant votre carrière déjà longue et si bien remplie.

Heureux d'apporter notre modeste hommage à l'homme dévoué qu'il s'agit de fêter aujourd'hui.

SAINT-DIDIER

La Société de secours mutuels de Saint-Didier-là-Séauve (Haute-Loire), est heureuse de s'associer aux mutualistes pratiques, pour fêter avec joie et reconnaissance le vingt-cinquième anniversaire de M. H. Vermont à la présidence de la Société de secours mutuels « l'Emulation chrétienne de Rouen ».

Elle prie M. Vermont, considéré à juste titre comme un des plus grands apôtres de la Mutualité, de recevoir sa plus vive admiration pour le talent et le dévouement infatigable qu'il apporte à la défense et à la propagation de la cause mutualiste, c'est-à-dire aux idées de vraie fraternité.

EPINAL

La Société scolaire de secours mutuels et de retraite est heureuse d'apporter son tribut de reconnaissance à l'homme dévoué et désintéressé qu'est M. Vermont.

Son Président le fait d'autant plus volontiers qu'il n'appartient pas à la même école philosophique que l'illustre M. Vermont.

Il y a un terrain sur lequel les hommes de bonne volonté peuvent s'entendre, quelles que soient leurs croyances, M. Vermont l'a prouvé il y a longtemps.

NICE

La Société de secours mutuels de Notre-Dame-de-l'Assomption, de Nice, a appris avec une sincère et bien juste satisfaction que les membres de la Société de secours mutuels « l'Emulation chrétienne de Rouen », que vous présidez avec un rare et remarquable dévouement, depuis vingt-cinq ans, organisaient une fête mutualiste pour célébrer brillamment vos noces d'argent.

Nos Sociétaires vous expriment leurs plus vives félicitations en raison du témoignage de l'inaltérable et absolue confiance dont vous n'avez cessé d'être l'objet pendant un quart de siècle, ce qui constitue le meilleur et le plus éloquent éloge de votre réel mérite et des éminents et inappréciables services que vous avez rendus, au point de vue de son développement et de son perfectionnement à la cause du mutualisme de France, dont vous avez été jusqu'à ce jour l'apôtre le plus ardent et le plus dévoué.

MENDE

La Société de secours mutuels d'ouvriers de la ville de Mende est heureuse et fière de s'associer à cette grande et belle manifestation de reconnaissance et d'estime de la Mutualité française. On ne saurait jamais trop fêter et honorer des hommes tels que M. Vermont que l'on peut, à bon droit, qualifier de héros de la Mutualité.

Elle estime qu'une Société qui a un homme pareil à sa tête peut être fière de son Président.

Elle souhaite à l'infatigable philanthrope de nombreuses années d'existence, afin de rester encore longtemps l'avocat-conseil de la Mutualité, pour que celle-ci puisse couronner une si belle existence par des fêtes encore plus pompeuses, lors de ses noces d'or.

NIMES

La Société de prévoyance et de secours mutuels pour les deux sexes de la ville de Nîmes, fondée par le *Consistoire protestant*, transmet à M. H. Vermont, à l'occasion du vingt-cinquième anniversaire de sa présidence de la Société de secours mutuels « l'Emulation chrétienne de Rouen », ses témoignages d'estime et de reconnaissance pour ses travaux et ses efforts en vue de la défense, de la prospérité, du progrès et de la propagation des Sociétés de secours mutuels en France.

CAVEIRAC (Gard)

La Société de secours mutuels de Caveirac vous adresse ses remerciements bien sincères et bien mérités pour tout ce que vous avez fait pour propager et défendre la Mutualité dans notre chère France et j'estime qu'en les temps troublés où nous vivons, les hommes tels que vous ne sont que trop rares.

CAUDRY (Nord)

Nous sommes heureux de venir, au nom de « l'Union des Ouvriers », nous associer aux sentiments de reconnaissance que vous témoigne l'Emulation chrétienne, pour le dévouement, les services et l'attachement que vous ne cessez de lui prodiguer depuis un quart de siècle. Si l'Emulation chrétienne vous doit d'être aujourd'hui au rang des Sociétés les plus prospères et les mieux organisées, il serait injuste de ne pas vous reconnaître une large part dans tout ce qui a été fait pour l'amélioration morale et matérielle du travailleur. L'idée de guider l'ouvrier et surtout de le soutenir dans les jours de malheur, vous a mis sur la brèche pendant vingt-cinq ans, et c'est avec un zèle soutenu, une persévérance digne des plus grands éloges, que vous avez plaidé cette noble cause que votre profonde conviction dans le succès a enfin fait triompher.

Le prolétaire a compris, le chemin que vous avez tracé sera suivi, et c'est dans votre pensée que nous puiserons les exemples et les conseils qui guideront nos pas. Le souvenir de votre bonne parole est encore dans nos cœurs aussi vivace qu'aux premiers jours. Aussi, tous les mutualistes caudrésiens sont-ils heureux et fiers de se joindre à leurs collègues de France et d'Algérie, pour rendre hommage au maître et demander du fond du cœur de le voir longtemps encore le porte-drapeau de la Mutualité française.

Vive la Mutualité !

LA SEYNE (Var)

La Société de secours mutuels « l'Unione Subalpina italienne » de la Seyne se joint à la manifestation des mutualistes pratiques, à l'occasion des noces d'argent du président de l'Émulation chrétienne de Rouen, afin de lui exprimer sa reconnaissance pour les sages conseils et les grands services donnés pendant sa longue carrière à la Mutualité qu'il a dirigée pendant si longtemps.

COMBS-LA-VILLE (Seine-et-Marne)

Société de secours mutuels de Combs-la-Ville.

Nous formons des vœux bien sincères pour que vous possédiez encore longtemps votre vénéré Président ; nous rendons hommage à ce mutualiste infatigable que nous voyons toujours sur la brèche pour défendre les intérêts de tous.

Inclinons-nous tous devant ses précieux travaux, discutés avec tant d'amour et d'ardeur pour la grande cause.

Aimons donc cet honorable Président, M. Vermont, pour son dévouement, et vous, Rouennais, soyez fiers de toutes les marques de sympathie et de reconnaissance que reçoit votre dévoué Président.

Nous nous joignons à vous de grand cœur pour saluer les vingt-cinq années de présidence de ce fidèle gardien de la Mutualité.

SAINT-CLAUDE (Jura)

M. J. Ligier, Président de la Société de secours mutuels « la San-Claudienne ».

La grande famille des mutualistes français fêtant, le 4 avril prochain, les noces d'argent de votre présidence, je veux m'unir à eux dans cette circonstance pour vous offrir, avec l'expression de mon admiration pour votre ardent dévouement, les plus vives félicitations pour la confiance dont vos sociétaires vous ont jugé digne depuis vingt-cinq ans.

Nous savons ce qu'il faut apporter de travail, de volonté, d'abnégation dans ces délicates fonctions pour ne pas hésiter à rendre hommage au vaillant et infatigable Président de l'Emulation chrétienne.

Je vous prie donc, Monsieur le Président et honoré Collègue, d'agréer dans cette mémorable journée, l'expression de mon admiration et de ma reconnaissance pour tous les services que vous avez rendus pendant une aussi longue carrière aux mutualistes français.

CRUAS (Ardèche)

L'Union fraternelle de Cruas.

Nous connaissons tous votre dévouement sans bornes à la cause des mutualistes et nous savons aussi que nous possédons en vous un défenseur énergique de nos droits et un ami toujours prêt à nous aider de ses conseils.

C'est à ce titre que je vous offre mes vœux les plus sincères et les souhaits que nous formons tous pour vous à l'occasion de cette fête, à laquelle la distance ne nous permet pas d'assister, mais que nous suivrons par la pensée et par le cœur.

BESSÈGES

La Solidarité de Bessèges.

Notre Société se félicite d'être appelée à contribuer à rendre hommage à M. Vermont, président de la Société de secours mutuels « l'Emulation chrétienne », de Rouen, que nous voyons toujours sur la brèche, ne se ménageant point pour défendre avec ferveur et une rare éloquence les intérêts de la Mutualité.

Que M. Vermont reçoive, en cette mémorable occasion, nos bien sincères remerciements pour la défense de nos droits, et formons des vœux pour que la Mutualité le conserve encore très longtemps dans son sein, pour qu'elle puisse, avec un plus grand éclat, fêter ses noces d'or.

MONTRÉJEAU (Haute-Garonne)

M. P. Adoue, Président de la Société de secours mutuels de Montréjeau.

C'est pour moi un grand honneur de m'associer à la touchante manifestation que les mutualistes préparent pour fêter, ainsi que vous le méritez, la célébration des noces d'argent de votre présidence de l'Emulation chrétienne de Rouen.

C'est avec tout mon cœur que je joins mes félicitations et mes vœux à ceux que vous offriront ce jour, si impatiemment attendu, vos chers sociétaires, à qui vous prodiguez depuis si longtemps et les bontés de votre cœur et les précieuses ressources de votre connaissance si approfondie et si savante de tout ce qui intéresse la question mutualiste.

Permettez-moi encore de les joindre aussi à celles de tous vos collègues de France et de l'Algérie, à celles de tous les amis de la classe ouvrière qui suivent l'œuvre que vous menez avec autant de générosité, de dévouement, que de rare et éloquente compétence, et dont vos écrits et vos discours vous ont depuis long-temps gagné l'estime et l'affection.

VERSAILLES (Seine-et-Oise)

M. Robin, ancien chef de bureau de la Préfecture,
Président de la Société de secours mutuels des ménages prévoyants.

J'apprends avec grand plaisir la manifestation très gracieuse pour vous et bien méritée par vos services, que se proposent de faire les membres de la Société de secours mutuels « l'Emulation chrétienne » à l'occasion du vingt-cinquième anniversaire de votre présidence.

Permettez-moi, mon cher confrère, de joindre aux sympathies de la Mutualité de Rouen l'expression de celles de notre Société « les Ménages prévoyants » de Versailles et des miennes en particulier. J'ai assisté aux travaux du Congrès de la Mutualité à Paris ; j'ai pu apprécier la part si large que vous y avez prise. Depuis, j'ai suivi très attentivement les travaux que vous avez publiés dans la presse mutua-liste, et j'y ai vu que vous avez combattu le bon combat.

SAINTES (Charente-Inférieure)

M. Laurent, ✳, Président des Travailleurs réunis de Saintes.

Vous avez créé autour de vous une quantité d'idées mutualistes ; vous en avez ordonné et suivi les progrès que d'autres, dans l'avenir, porteront jusqu'à l'infini.

C'est pourquoi vos amis réunis se réjouissent aujourd'hui avec vous dans votre œuvre de solidarité.

Car il n'y a rien de plus difficile à pratiquer, de plus utile et qui devrait être le plus universellement répandu que les vrais sentiments de Mutualité.

SAONE-ET-LOIRE

M. Laroze, Secrétaire général de l'Union et Caisse de réassurance
des Sociétés de secours mutuels.

Vous avez compris depuis longtemps que la Mutualité renferme la solution du problème social le plus difficile à résoudre, c'est pourquoi votre existence de labeur a été consacrée à perfectionner la plus belle et la plus noble de nos Institutions, au lieu d'aspirer aux honneurs rapides, tant recherchés de nos jours.

Plût à Dieu que beaucoup d'intelligences et d'activités soient si bien inspirées, nous verrions bientôt, sinon le bonheur pour tous, ce qui n'est pas possible, mais la sécurité de ceux qui travaillent et qui représentent la prospérité de cette belle France que nous aimons.

Acceptez mes vœux les plus sincères pour votre santé, à laquelle j'associe complètement celle de la compagne dévouée qui partage si bien vos sentiments et souvent vos travaux et, si l'appréciation d'un jeune mutualiste peut vous causer quelque satisfaction, la voici :

« Le mérite de l'homme ne se mesure ni à sa fortune ni aux décorations qui couvrent sa poitrine, mais seulement par le bien qu'il a fait. »

DUNKERQUE (Nord)

M. Debrower, ✳, Président honoraire de l'Abeille (Employés de commerce),
trésorier de l'Union nationale.

Les éloges si justement mérités qui vous sont adressés, les sympathies que vous témoignent tous les mutualistes, et particulièrement ceux de l'Emulation chrétienne, feront époque dans votre existence.

Nul ne conteste les services que vous avez rendus à la Mutualité tout entière. Par votre ténacité, par votre impulsion intelligente et virile, vous avez contribué à son développement, vous avez élargi toutes les voies, vous avez demandé plus d'encouragements et plus de liberté, et vous l'avez fait avec cette persévérance courageuse qui triomphe des obstacles qu'elle rencontre et qui distingue les hommes de caractère.

Aussi nous appartient-il de vous déclarer combien sont justifiées les acclamations que votre nom suscite dans cette réunion d'élite ; combien honore vos amis la haute sympathie dont vous recevez, à vos noces d'argent, les consolants témoignages.

Interprète des membres de « l'Abeille » (Association des Employés de la ville de Dunkerque), c'est avec une vive émotion qu'en cette circonstance je viens vous offrir nos sentiments de profonde reconnaissance, en déclarant, au nom de tous, que *vous avez bien mérité de la Mutualité*.

Parmi les 18 représentants directs des Sociétés de secours mutuels, au Conseil supérieur de la Mutualité, tous ceux qui furent élus du premier tour sont au nombre de ceux dont nous avons publié la circulaire ou les lettres, et, parmi les élus du second tour, se trouvent MM. Delibes et Debrower.

Ne pouvant publier toutes les lettres que nous avons reçues, nous adressons nos plus vifs remerciements aux Sociétés qui ont donné en cette mémorable circonstance la preuve de leur sympathie et de leur reconnaissance pour notre Président, non seulement par leur éloges, mais en participant à la souscription qui permit d'offrir à M. Vermont un magnifique objet d'art, au nom de la Mutualité française.

Ces Sociétés sont au nombre de cinq cent vingt et une ; les énumérer toutes serait fastidieux.

Nous leur réitérons l'assurance de notre profonde gratitude et de nos sentiments de vive solidarité, et nous indiquons seulement les 44 départements d'où nous vinrent ces précieux témoignages de sympathie :

Ain.
Aisne.
Alpes-Maritimes.
Ardèche.
Ardennes.
Aveyron.
Bouches-du-Rhône.
Calvados.
Charente-Inférieure.
Cher.
Corrèze.
Constantine.
Deux-Sèvres.
Eure.
Gard.
Gironde.
Haute-Garonne.
Haute-Loire.
Haute-Vienne.
Ille-et-Vilaine.
Indre-et-Loire.
Jura.

Loire.
Loire-Inférieure.
Lot-et-Garonne.
Lozère.
Manche.
Marne.
Meurthe-et-Moselle.
Nord.
Oran.
Orne.
Pas-de-Calais.
Pyrénées-Orientales.
Rhône.
Saône.
Saône-et-Loire.
Seine.
Seine-Inférieure.
Seine-et-Marne.
Seine-et-Oise.
Var.
Vaucluse.
Vosges.

IV

DOCUMENTS SUR L'ÉMULATION CHRÉTIENNE
DE ROUEN

TABLEAUX COMPARATIFS

LISTE DES DAMES QUÊTEUSES, BIENFAITEURS ET DONATEURS.

Les tableaux suivants (1) permettent d'apprécier les progrès réalisés par notre Société depuis qu'elle a son Président actuel et l'augmentation considérable des résultats qu'elle a obtenus et des sympathies qui l'entourent.

Notre Société est dirigée par un Conseil administratif composé de cinquante participants, savoir : un président, deux vice-présidents d'administration, huit vice-présidents chefs de service, un trésorier et un secrétaire ayant chacun deux adjoints, et trente-cinq conseillers.

Ce Conseil a le concours très apprécié du Conseil des membres honoraires, composé de vingt-cinq d'entre eux, que l'on consulte dans les circonstances importantes et dont les avis peuvent être donnés spontanément.

Quand il s'agit de modifier les statuts, les deux Conseils se réunissent avec dix délégués spéciaux nommés en assemblée générale, pour arrêter de concert les propositions à soumettre à toute la Société.

Le service des malades est assuré par douze médecins, huit sages-femmes, quarante pharmaciens, quatre-vingt-dix inspecteurs de malades ayant à leur tête un vice-président et cinq inspecteurs en chef.

Le service de la comptabilité se fait avec l'aide d'un vice-président des finances, du trésorier et de ses deux adjoints, des inspecteurs en chef des malades, de huit receveurs ayant à leur tête un vice-président et un receveur en chef, de huit membres composant la Commission des finances et de deux employés salariés.

---

(1) Une partie de ces tableaux, à cause de leurs dimensions, ont dû être reportés à la fin du volume.

Quatorze commissaires assurent le bon ordre des assemblées, des fêtes, des concerts et des cérémonies.

L'administration de la Société est facilitée par un certain nombre de Commissions : Commission des finances, Commission des modifications statutaires et réglementaires, Commission des fêtes, Commission des prêts d'honneur, Commission de placement, Commission des récompenses, Commission des abus.

Toutes les fonctions sont gratuites, sauf celle du receveur des cotisations honoraires remplie par un des trésoriers-adjoints.

La Société, depuis un an, occupe trois employés salariés.

L'union des membres de notre Société n'a jamais été troublée pendant la longue période qui fait l'objet de cette publication, et nous avons toujours prouvé, pendant ces vingt-huit ans, que nous avions, à un très haut degré, le sentiment de la solidarité et celui de la reconnaissance.

ÉMULATION CHRÉTIENNE DE ROUEN

SOCIÉTÉ DE SECOURS MUTUELS ET DE RETRAITES, RECONNUE D'UTILITÉ PUBLIQUE

SITUATION

	AU 1er JANVIER 1872	AU 1er JANVIER 1897	AU 1er OCTOBRE 1899
Nombre de sociétaires....................	2.166	3.806	4.307
Age moyen des hommes...................	47 ans 3 mois	39 ans 3 mois	38 ans
— des femmes....................	45 ans 2 mois	32 ans 8 mois	32 ans 6 mois
Dépenses, secours et pensions pour les malades, vieillards, mères, veuves, orphelins, etc......	607.003 fr. 99	2.010.933 fr. 40	2.244.969 fr. 87
Capitaux employés en achats de rentes pour les retraités.....................................	10.624 fr. »	1.605.034 fr. »	1.767.234 fr. »
Avoir social....	181.082 fr. 92	717.117 fr. 86	864.178 fr. 40

ÉTAT des Recettes et des Dépenses

DES CENT PLUS ANCIENS ET DES CENT PLUS ANCIENNES SOCIÉTAIRES DE L'ÉMULATION CHRETIENNE DE ROUEN

Cet État, établi par périodes décennales, ne comprend que les Recettes et Dépenses des dix années précédentes

HOMMES						FEMMES (1)					
ANNÉES	RECETTES	DÉPENSES	PENSIONS	DÉPENSES Totales	EXCÉDENT de leurs dépenses	ANNÉES	RECETTES	DÉPENSES	PENSIONS	DÉPENSES Totales	EXCÉDENT de leurs dépenses
	FR. C.	FR. C.	FR. C.	FR. C.	FR. C.		FR. C.	FR. C.	FR. C.	FR. C.	FR. C.
Au 30 décembre 1860......	10.381 65	10.502 36	»	10.502 36	120 71	Au 31 décembre 1860......	4.531 95	5.352 90	»	5.352 90	817 95
— 1861-1870.	13.227 60	16.539 54	»	16.539 54	3.301 94	— 1861-1870.	10.200 »	10.529 72	»	10.529 72	329 72
— 1871-1880.	(2) 9.877 75	13.352 12	18.221 34	31.573 46	21.695 71	— 1871-1880.	10.200 »	12.464 71	»	12.464 71	2.264 71
— 1881-1890.	(2) 9.183 »	15.251 78	56.136 22	71.388 »	62.205 »	— 1881-1890.	11.044 38	19.200 19	(3) 3.469 41	22.669 60	11.625 22
— 1891-1898. (8 ans)	(2) 6.537 05	11.391 13	78.045 92	89.437 05	82.900 »	— 1891-1898. (8 ans)	9.765 15	16.891 80	3.375 19	20.266 89	10.484 74

NOTA. — Ce tableau et celui qui le suit, démontrent : 1º que contrairement à un préjugé trop répandu, il est possible et même facile d'admettre les femmes dans les Sociétés de secours mutuels ; 2º que plus on reste longtemps dans nôtre Société, plus sont considérables les avantages qu'on y trouve.

Quand on entre dans une Société de secours mutuels, on est jeune et bien portant, on paie sans recevoir, c'est un des côtés nobles et fraternels de notre Institution ; mais avec l'âge viennent les maladies, la vieillesse, on dépense alors plus qu'on n'avait payé, on profite de la Société et d'autant plus que si elle est ancienne et bien administrée, ses ressources se sont accrues d'année en année, ce qui lui a permis d'augmenter ses bienfaits, la Société devient de plus en plus profitable. C'est ce qui s'est produit pour nous.

(1) L'augmentation très importante des secours créés depuis quelques années en faveur des femmes, trouve dans ce tableau une justification manifeste.

(2) Diminution des paiements des plus anciens sociétaires, par suite de leurs admissions de plus en plus nombreuses à la retraite.

(3) Comme il est expliqué au tableau ci-joint, il n'y a encore qu'un très petit nombre de femmes admises à la retraite.

ÉTAT des Recettes et des Dépenses

DES CENT PLUS ANCIENS ET DES CENT PLUS ANCIENNES SOCIÉTAIRES DE L'ÉMULATION CHRÉTIENNE DE ROUEN

Cet État, établi par périodes décennales, comprend les Recettes et les Dépenses depuis l'admission des sociétaires

HOMMES						FEMMES					
ANNÉES	RECETTES	DÉPENSES	PENSIONS	DÉPENSES Totales	EXCÉDENT de leurs dépenses	ANNÉES	RECETTES	DÉPENSES	PENSIONS	DÉPENSES Totales	EXCÉDENT de leurs dépenses
	FR. C.	FR. C.	FR. C.	FR. C.	FR. C.		FR. C.	FR. C.	FR. C.	FR. C.	FR. C.
Au 31 décembre 1860......	10.381 65	10.502 36	»	10.502 36	120 71	Au 30 décembre 1860......	4.534 95	5.352 90	»	5.352 90	817 95
— 1861–1870.	23.227 65	27.211 02	»	27.211 02	3.983 37	— 1861–1870.	14.737 05	16.556 71	»	16.556 71	1.819 71
— 1871–1880.	33.015 15	44.266 94	18.221 34	62.488 28	20.473 13	— 1871–1880.	24.606 10	28.784 20	»	28.784 20	4.178 20
— 1881–1890.	42.574 33	45.157 31	63.460 78	108.618 09	66.043 76	— 1881–1890.	34.420 65	42.719 09	(1) 3.409 41	46.188 50	10.767 85
— 1891–1898. (8 ans)	49.974 80	49.949 44	99.325 50	149.274 94	101.300 14	— 1891–1898. (8 ans)	37.784 14	50.014 35	(1) 3.607 19	53.621 54	15.837 40

(1) Un très petit nombre de femmes jouissent actuellement de la pension; il en sera ainsi jusqu'en 1905. Quand la pension des femmes a été créée, la plupart d'entre elles ou bien étaient trop âgées, ou bien n'ont pas voulu payer la minime augmentation de cotisation nécessaire pour avoir droit à la pension; elles l'ont presque toutes regretté. On a créé pour elles le droit de vieillesse. Elles profitent comme les hommes du droit des octogénaires. Les sommes qui leur ont été versées à ce double titre dépassent 5,000 fr. et sont comprises dans la colonne de leurs dépenses.

| ANNÉES | AGE MOYEN DES PARTICIPANTS DE L'ÉMULATION CHRÉTIENNE | | | | | | NOMBRE de jours donnant, aux hommes (1), droit à l'indemnité de travail. |
| | Hommes | | | Femmes | | | |
	Ans	Mois	Jours	Ans	Mois	Jours	
1871	47	3	4	45	1	22	14.181 (2)
1872	48	3	15	45	3	24	11.258
1873	48	2	2	44	11	4	10.385
1874	47	11	1	44	9	3	9.269
1875	47	8	8	44	1	29	10.319
1876	47	2	3	44	5	22	8.737
1877	47	10	15	40	10	15	6.702
1878	47	9	5	40	1	13	8.679
1879	46	9	29	40	»	2	8.768
1880	47	3	5	39	11	12	8.989
1881	46	10	12	39	8	15	7.380
1882	47	6	28	39	10	5	6.790
1883	47	2	12	39	2	2	7.580
1884	46	7	10	37	5	9	7.708
1885	44	2	28	37	»	21	8.923
1886	44	2	26	38	»	21	8.698
1887	44	1	19	36	9	1	7.557
1888	43	4	9	35	7	15	7.572
1889	43	5	2	36	»	12	6.168
1890	42	9	11	35	1	24	»
1891	42	8	5	34	9	7	»
1892	41	11	28	34	3	22	»
1893	41	1	11	34	3	7	»
1894	40	5	26	33	7	10	»
1895	40	10	31	33	7	27	»
1896	39	2	13	32	7	4	»
1897	39	3	2	32	9	1	»
1898	38	1	3	32	6	8	»

Ce tableau prouve : 1º le rajeunissement de la Société et la diminution proportionnelle des jours de maladie qui en est la conséquence.

(1) Le relevé des jours de maladie n'existe que pour les hommes.
(2) Invasion et petite vérole noire.

NOTA. — Ce tableau n'a pas été continué parce que plusieurs causes, résultant notamment des changements des statuts ou du règlement, en ont modifié les bases.

*ÉTAT au 31 décembre 1898 des Sociétés de Secours mutuels approuvées de Rouen
et du département de la Seine-Inférieure.*

| | MEMBRES HONORAIRES | MEMBRES PARTICIPANTS | | | TOTAL DES RECETTES ORDINAIRES non compris les recettes de retraites (1) | TOTAL DES DÉPENSES y compris le versement à la Caisse des Retraites (1) | FONDS DISPONIBLES non compris le fonds de retraites |
		Hommes	Femmes	Enfants	FR. C.	FR. C.	FR. C.
Émulation chrétiennne de Rouen......................	866	1.616	1.294	258	120.104 58	86.044 22	92.633 91
Les 23 autres Sociétés approuvées de Rouen...........	1.989	5.521	1.387	2.122	232.162 84	216.145 44	356.804 09
Moyenne par Société (2)...........................	86	263	»	»	10.094 03	9.397 63	15.513 22
Les 113 autres Sociétés approuvées du département.....	7.483	19.884	5.779	3.288	669.948 40	630.565 36	1.200.735 90
Moyenne par Société (2)...........................	66	179	»	»	5.928 74	5.580 22	10.625 98

(1) Ces chiffres, copiés sur les états ministériels, ne comprennent pas aux recettes les recettes de la Caisse des retraites et comprennent aux dépenses les versements faits à cette caisse, versements qui, en réalité, constituent un déplacement de fonds et non une dépense.

Ce tableau est complété par celui qui est consacré aux Retraites. Il existe entre ces deux tableaux des différences résultant de ce qu'ici toutes les Sociétés approuvées sont comprises, tandis que dans le tableau consacré aux retraites ne figurent que les Sociétés servant des pensions par l'intermédiaire de la Caisse des retraites.

(2) La moyenne des participants hommes, en dehors de l'Emulation chrétienne, ne s'applique qu'à 21 Sociétés à Rouen, et à 113 dans le département, parce qu'il y a 2 Sociétés uniquement composées de femmes.

La moyenne n'a pas été donnée pour les femmes pour ce motif, et aussi parce que la plupart de nos Sociétés n'admettent pas les femmes.

Elle n'a pas été donnée pour les enfants parce que la grande majorité d'entre eux fait partie des Mutualités scolaires, en dehors desquelles très peu de Sociétés admettent les enfants.

QUÊTE ANNUELLE PRIÉE

Dames quêteuses :

1875. Mme Ch. LOUTREL.

1876. Mmes G. LESEIGNEUR et LOCHE.

1877. Mmes CHANOINE-DAVRANCHES, H. LEMARCHAND, de la SERRE, Ernest VOINCHET.

1878. Mmes GAULTIER DE LA FERRIÈRE, G. LEMARCHANT, la Marquise de NEUVILLE, Georges PRIVEY.

1879. Mmes Louis BELLEST, GENEVOIX, Ch. LEREBOURS, P. PINEL.

1880. Mmes De GIBERT, GUESNIER, Paul HÉLOT, Georges MURE.

1881. Mmes Paul DUVERGIER, J. LEMAITRE, LEMONNIER, A. SARRAZIN.

1882. Mmes la Comtesse d'AURAY DE SAINT-POIS, LERAT, VIMARD, H. WALLON.

1883. Mmes BRIGALANT, Eugéne NIEL, H. PINEL, Edouard VOINCHET.

1884. Mmes Gustave BOULLIÉ, de COLOMBEL, COUPERY, J. PAPIN.

1885. Mmes la Baronne d'ANGLEJAN, Ch. BONIFACE, HARDOUIN, Antoine LEREBOURS.

1886. Mmes BOURSIN, FUMIÉRE, Léon MALFILATRE, MASSIEU.

1887. Mmes BERRUBÉ, GARGAM, Paul LEREBOURS, MASSON.

1888. Mmes G. FLAVIGNY, LE GONIDEC DE PENLAN, LE ROY, TURPIN.

1889. Mmes Christophe ALLARD, H. CAVREL, Henry DESHAYES, G. LORMIER.

1890. Mmes Gaston BOULET, Georges LEREBOURS.

1891. Mmes de BILLY, E. BONIFACE, la Baronne ELIE-LEFEBVRE et G. LEPICARD.

1892. Mmes B. BAUDRY, CARDIN, E. de COLOMBEL, des POMMARES.

1893. Mmes GODINOT, KNIEDER, H. PINEL, G. PREVOST.

1894. Mmes BOUTROLLE, Georges FAUQUET, HOUDEVILLE, André STACKLER.

1895. Mmes Ed. DELAMARE-DEBOUTTEVILLE, Gustave d'ETÉ, RENARD, SEYER.

1896. Mmes Ch. DESCHAMPS, LEHUCHER, A. MONFRAY, Joseph POUSSIN.

1897. Mmes DELAMARE, L. LE PICARD et P. LE VERDIER.

1898. Mmes J. d'HEUCQUEVILLE, René LE BRETON, MAGNIAUX et YSNEL.

1899. Mmes ANGOT, BOUCHER, Georges DROUET et Maurice LEMARCHAND.

BIENFAITEURS. — SOCIÉTAIRES PERPÉTUELS

Sont considérées comme Bienfaiteurs les personnes ayant fait des dons ou legs de 500 fr., ou plus. Une plaque de marbre commémorative, placée à demeure dans le local ordinaire des réunions, perpétue leur souvenir.

1850-1884. M. et Mme DAVRANCHES	600 fr.
1850-1853. M. Frédéric PRAT	500
1851-1871. M. MAZE, ✻, Conseiller général	1.600
1862. M. CHÉRON, ✻, Conseiller à la Cour de Rouen, Président du Conseil honoraire	500
1864. Mme veuve FOUQUET	500
— Le Comité cotonnier	750
1868. M. Charles DELAPORTE, Trésorier du Conseil honoraire	500
1869. S. E. Mgr le Cardinal de BONNECHOSE, C ✻, Archevêque de Rouen	500
Le même, autres dons (1856-1883)	2.700
1872. M. CHERON, ✻ et Mlle CHERON, 12,000 fr., net de frais et d'impôts	10.608 45
1876. M. BUQUET	500
— M. DESGENETAIS, ✻, Conseiller général	500
— Mlle BOUDEHAN, en mém. des octogén. des fam. BOUDEHAN et BOURDON-DESCHAMPS	5.000
La même, autres dons (1879-1889)	3.000
— M. Eugène DUTUIT, ancien Adjoint, Membre du Conseil honoraire	500
Le même, autres dons (1884-1885)	500
— M. COSSERAT, Membre du Conseil honoraire	500
— M. VAUCQUIER DU TRAVERSAIN, ✻, Bâtonnier de l'Ordre des Avocats, en mémoire de son fils	500
— Mme veuve FUMIERE	500
La même, autres dons (1877-1897)	2.050
1877. *Anonyme*	600
— *Anonyme*	2.000
— M. TABUR, en mém. de Mme LANCELEVÉE, sa sœur	1.000
— M. GADEAU de KERVILLE, Vice-Président du Conseil honoraire	500
Le même, autres dons (1877-1883)	250
— M. le Comte de LAMBERTYE	500
1877-1890. M. FESSARD	1.300
1877-1892. Mme J. LENORMAND	1.200
1877-1898. M. LABARRE, Membre du Conseil honoraire	3.600
1877-1892. M. L.-J. AUBER, Membre du Conseil honoraire	2.600
1877-1899. M. Léon PRAT	2.400
Le même, 30 juin 1881, don spécial	300
1877-1892. M. LE TENDRE de TOURVILLE, O ✻, P. de Ch. hon.	

à la Cour de Rouen, P. du Conseil hon.. 950
1877-1899. Un Membre du Conseil honoraire 1.850
1878. M. Gustave CARTIER 500
    Le même, autre don (1894) 100
— 2 février. Mme Ad. ROULAND, en mémoire de son fils M. O.
    ROULAND, Avocat. 2.000
    La même, autres dons (1878-1885). 850
— 21 mai. M. RENIER, en souvenir du mariage de sa fille. . . . 500
— M. le Comte Ad. de GERMINY, C ✳, Trésorier général de la
    Seine-Inférieure. 500
— Mme Ve L. NOURY, née de REISET. 500
— Mgr le Duc de CHARTRES, ✳, Colonel du 12e régiment de
    chasseurs. 500
    Le même, autres dons (1880-1882) 400
1878-1889. Mme veuve SAUVAL 1.100
1879-1894. M. le Comte Ad. de GERMINY, C ✳, Trésorier-Payeur
    général, et Mme la Comtesse de GERMINY 600
1879. M. TELLOT 2.000
— Mlle Perpétue TRANCHET, domestique 500
— M. Th.-François LEREBOURS 500
— Mme veuve VERMONT-LOISIEL et M. H. VERMONT, Avocat.
    Président de la Société 500
— M. QUEVREMONT, Conseiller général 500
    Le même, autres dons (1881-1884). 300
— M. AUMONT, Membre du Conseil honoraire 500
    Le même, autre don (1886) 100
— Le Comité des Fêtes de Bienfaisance. 500
    Le même, autres dons (1886-1891). 750
1879-1883. M. et Mme LEMARCHAND 500
1880. M. Léon AVOLLÉE, en mémoire de M. HAREL. 1.500
    M. et Mme AVOLLÉE, autres dons (1880-1894). 1.800
— M. l'Abbé H. de LANTERIE, Vicaire à St-Sulpice 500
— Le Comité des Fêtes de bienfaisance. 1.000
— M. Eugène DUTUIT, ancien Adjoint, Membre du Conseil hono-
    raire. 500
— Inconnu (d'Elbeuf). 500
— Anonyme 3.000
880-1899. M. A. SANNIER, O ✳, Vice-Président de la Société d'hor-
    ticulture 1.900
1881. M. COSSERAT, Membre du Conseil honoraire 500
— M. Eugène DUTUIT, ancien Adjoint, Membre du Conseil hono-
    raire. 500
— Mme veuve BOISARD-LESADE. 500
    La même, autre don (1896) 100
— Mme ALLARD et ses enfants, en mémoire de M. ALLARD, ancien
    Président de la Société 500
— Mgr le Comte de PARIS. 500
1881-1899. M. Henry PIMONT, Conseiller d'arrondissement, dont 300 fr.
    le 24 mai 1881, à l'occasion du mariage de sa fille. . . . 500

1882. M. Jules KEITTINGER, ✳, Membre du Conseil honoraire . . .   500
    Le même, autre don (1896)   100
— Mlle BOUDEHAN.   500
— M. COSSERAT, Membre du Conseil honoraire. 1.000
1882-1893. M. Paul BARD   500
1882-1898. La Banque de France 3.400
1882-1894. M. JOUANNE   600
1883. M. GIVON   500
1883. Mme Jules DIEUSY. 1.000
— M. O. COSSERAT, d'Amiens 1.000
— Mme PÉCUCHET   500
— Mme L'HERMITE 1.000
— M. Eugène DUTUIT, ancien Adjoint, Membre du Conseil hono-
    raire   500
1883-1890. Mme LEGRAS, en mémoire de M. GRIMAUX 4.728 56
1883-1891. Mme BREAUTÉ   700
1883-1899. M. Jules SAINT, ✳, Trésorier du Conseil honoraire . . 1.300
1884. Mme Ed. BELLEST, en mémoire de son mari.   500
— S. E. Mgr le Cardinal THOMAS, ✳, Archevêque de Rouen. . . 1.000
    Le même, autres dons (1885-1893) 1.000
— M. le Baron J. LEVAVASSEUR, ✳, Conseiller général   500
    Le même, dons antérieurs 2.200
— M. LABARRE, Membre du Conseil honoraire   600
— Les enfants de M. et Mme C. DELAPORTE, en leur mémoire. .   500
— M. Ch. de BONNECHOSE, O ✳, en mémoire de son oncle Mgr le
    Cardinal de BONNECHOSE.   500
— Anonyme 3.000
— M. BELLON, Membre du Conseil honoraire.   600
    Le même, autres dons (1877-1898). 1.000
    Le même, en mémoire de Mme BELLON (1896-1899)   500
1885. Mme Ad. ROULAND, 10,000 fr., impôts et frais déduits. . . . 8.720
— Mme la Baronne J. LEVAVASSEUR, en mémoire de son mari .   500
    La même, autres dons (1886-1891).   600
— M. CARTIER fils. 2.000
    Le même, autre don (1896-1899). 1.200
— Anonyme   500
1886-1899. M. Antoine LEREBOURS, Membre du Conseil honoraire. 1.300
1886. Mme GUILBERT 1.000
— Académie de Rouen (prix Dumanoir).   800
— M. A. DUTUIT, Membre du Conseil honoraire, en mémoire de
    son frère 7.000
— M. X. BOURSIER, en mémoire de son frère. 1.000
— Le même, autres dons (1886-1889)   600
1887. M. le Dr P. LEVASSEUR, Membre du Conseil honoraire . . .   500
— Anonyme.   500
1888. M. J. DUVAL, ✳, conseiller à la Cour d'Appel. 1.000
— M. Gaston BOULET, ✳, Membre de la Chambre de Commerce,
    Vice-Président du Conseil honoraire.   500
    Le même, autres dons (1887-1899) 1.300

1888. Mme HUBIN, en mémoire de son mari.   500
       La même, autres dons (1892-1897)   900
1889. Mme LECOQ 2.000
  — M. BOUDEHAN, Membre du Conseil honoraire, en mémoire de
      sa sœur Mlle BOUDEHAN. 5.000
       Le même, autre don (1899)   250
1890. M. H. VERMONT, Avocat, Président de la Société, en mémoire
      de ses parents.   500
       Le même, autres dons (1885-1899) 1.500
  — M. et Mme PINGAULT (3 déc. 1889), en mémoire de M. P.
      VAVASSEUR, Avocat à la Cour de Rouen   500
  — Mlle POISSONNIER, 7,000 fr., impôts et frais déduits. 6.068 90
  — M. DEMAREST 4.400
       Le même, dons antérieurs (1883-1890).   700
  — Mme LECOQ 3.000
1890. MM^{es} RHEM et PECUCHET. 5.000
1890-1898. Mme PINEL, en mémoire de son mari   800
1890-1899. M. et Mme CAGNIARD 1.600
1890-1899. M. Ch. ALLARD, Avocat, Vice-Président de la Société, et
      Mme Ch. ALLARD.   700
1891. M. H. VERMONT, Avocat, Président de la Société. 1.000
  — Mlle DELAN.   500
  — Mme veuve LOYER 1.500
  — Souvenir du banquet du 15 mars 1891.   500
  — Mme ROGER-LEBRETON.   500
  — La même, don antérieur, en mémoire de son mari   100
1891-1892. M. THEZARD, ancien Adjoint, Membre du Conseil honoraire.   1.000
1891-1892. Mme DELISLE, en mémoire de M. GRIMAUX 1.082 14
1892-1899. M. et Mme G. BOBÉE.   700
1892. Le Comité des Fêtes de bienfaisance 1.500
  — Mme A. D'ETÉ, en mémoire de son mari   500
       La même, autre don (1899)   100
  — M. DE GLANVILLE, Membre du Conseil honoraire.   500
  — Le même, autres dons (1880-1899)   300
    M. LABARRE, Membre du Conseil honoraire 1.000
  — Mme P. C. NIEL, en mémoire de son mari. 1.000
  — M. GIVON, Membre du Conseil honoraire, et Mme GIVON, en
      mémoire de M. BUQUET.   500
       Les mêmes, autres dons (1894-1899).   700
1892-1899. M. J. QUESNEL, père   800
1893. Anonyme, en mémoire de la famille DENIER.   500
  — M. E. NIEL, Président du Conseil honoraire   500
       Le même, autres dons (1888-1898)   900
  — M. Jules AUBER.   500
  — Le même (1894).   400
  — Anonyme 1.000
1893-1899. M. CRÉPIEUX-JAMIN, Médecin Chirurgien-Dentiste . .   600
1893. M. HELLOUIN, 1,000 fr., impôts et frais déduits   882
  — M. LABARRE, Membre du Conseil honoraire.   500

1893-1897. M. G. LENORMAND 500
1893-1899. Mme STACKLER, dont 200 fr. en mémoire de son mari. . 500
1893. M. THEZARD, ancien Adjoint, membre du Conseil honor. . . . 500
1893-1895. Mme THUILLIER, en mémoire de son mari 500
    La même, autre don 100
1873-1894. M. BESSELIÈVRE, O ✳, Conseiller général, Président
    de la Ligue de l'Enseignement, et Mme BESSELIÈVRE, en
    mémoire de son mari 1.100
1894-1899. Mme CHEVILLARD 700
1894. Mme Marcel BAZILLE 500
    La même, autre don (1899) 100
1894-1899. M. et Mme X. LARCHER 1.200
1894. Etablissements MALÉTRA, Petit-Quevilly 500
  — S. G. Mgr SOURRIEU, ✳, Cardinal-Archevêque de Rouen. 500
1895-1899. Le même 750
1894-1895. *Anonyme* 3.900
1894-1899. E. D. (M. Léon BRIÈRE, O ✳) 600
1894-1899. MM. C. BERGER, ✳, et Cie 500
1894-1899. M. et Mme H. CAVREL 500
1895. M. Jules AUBER 500
  — M. Adolphe DEMY, A ✳, O ✚ ✚ ✚, Consul 500
    Le même, autres dons (1896-1899) 200
  — Mme LARGILLIERT 500
  — Mme J. FESSARD 500
    La même, autres dons (1891-1896) 700
    Anonyme, en mémoire de son mari 500
    La même 100
    M. Emile NION, ✳, ancien Adjoint au Maire de Rouen. . . 5.000
    Mme D 4.000
1895-1899. M. GLACE 500
1895-1899. Mme LETIRAND 500
1896. M. Jules AUBER 500
1896-1899. M. J. BOISSIÈRE, Membre du Conseil honoraire 600
1896. M. Ch. DESCHAMPS, Notaire, et Mme Ch. DESCHAMPS, en
    mémoire de leur petite fille Lucie 500
  — *Un Inconnu* 500
  — *Anonyme* 2.000
  — M. Jules AUBER 500
  — M. L. BRIÈRE, O ✳ 1.000
  — M. Gaston BOULET, ✳, Vice-Président du Conseil honoraire. 500
  — Mme D 1.000
1897. *Anonyme* 1.000
  — M. Jules AUBER 500
  — M. L. BESSELIÈVRE, ✳, Conseiller d'arrondissement, Pré-
    sident de l'Émulation chrétienne de Maromme 500
  — Mme la Baronne LEVAVASSEUR 1.000
1898. Les Enfants de Mme ALLARD, en mémoire de leurs mère. . 500
  — Mme la Baronne LEVAVASSEUR 1.000

1898. M. GUEROULT, Mem. du Conseil hon., et Mme GUEROULT,
    nue–propriété de 50,000 fr., impôts et frais déduits. 43.770
    Les mêmes, don antérieur 100
1899. M. H. VERMONT, Avocat, Président de la Société, et
    Mme H. VERMONT 1.000
  — M. E. NIEL, Président du Conseil honoraire, et Mme E. NIEL . 1.000
  — M. Gaston BOULET, ✳, Vice-Président du Conseil honoraire,
    et Mme Gaston BOULET 1.000
  — M. GIVON, Membre du Conseil honoraire, et Mme GIVON. . . . 500
  — M. LABARRE, Membre du Conseil hon., et Mme LABARRE . 500
  — M. Jules AUBER 500
  — Mme G. BOBÉE 1.000
  — Mme CAGNIARD. 1.000
  — Le Comptoir d'Escompte de Paris (Agence de Rouen). 500
  — Le Crédit Lyonnais (Agence de Rouen) 500
  — La Compagnie d'assurance l'Ancienne Mutuelle de Rouen. . . . 500
  — M. DESCHAMPS, Notaire, et Mme DESCHAMPS. 500
  — Les Enfants de M. A. LEMAIGNENT, en mémoire de leur père. 1.000
  — Établissements MALÉTRA 500
  — M. et Mme X. LARCHER 500
  — M. le Comte de POMEREU, Député, et Mme la Comtesse de
    POMEREU 500
  — Mme la Baronne LEVAVASSEUR. 1.500
  — M. Ch. LORMIER. 1.000
  — M. et Mme ORANGE. 1.000
  — Mme Veuve LEMARCHAND 500
  — Mme A. F. 2.000

DONATEURS. — SOCIÉTAIRES A VIE

(Dons de 100 à 500 francs).

Anonymes. . . . . 7.200 fr.
Anonymes, en souvenir de leurs parents. 1.600
Anonyme, 9 novembre 1892. 200
M. P. ALLARD, Membre du Conseil honor., et Mme P. ALLARD. 200
Mme ANGOT. 100
Mme ARONDEL, en mémoire de son mari. 100
Mlles AUBIN. 200
M. BADIN, O ✳, Maire de Barentin. 100
Mlle BARD et ses héritiers, MM. BARD. 300
M. le Comte A. de BAGNEUX, ✳, Conseiller général. 100
M. BARRABÉ fils 200
M. Ernest BARON, Juge au Tribunal de Commerce. 100
M. le Marquis de BELBEUF, ✳ 100
M. Louis BELLEST, Secrétaire du Conseil honoraire. 100
Mme BENARD-LEDUC. 300

M. et Mme A. BISSET. 100
MM. BLIN et BLIN. d'Elbeuf 100
M. R. DU BOULLAY, Membre du Conseil honoraire 300
M. l'Abbé BOUTARD, Curé de Saint-Hilaire. 100
M. BRÉCHEMIER 300
M. CARDIN 300
La Compagnie d'Assurances générales (Direction de Rouen). . . 200
La Compagnie d'Assurances la Nationale (Direction de Rouen). . 200
La Compagnie l'Union-Vie (Direction de Rouen) 100
La Compagnie du Gaz de la ville de Rouen. 100
La Compagnie Européenne du Gaz. 100
M. et Mme Edouard CAVREL. 200
M. et Mme CORNILLOT. 450
M. CHANCEREL, Expert-Comptable 100
M. CHARLIER, ✠, ✠, ✠, officier d'infant. de marine en retraite. 400
MM. CHATEL et Edouard BELLEST ✳, en souvenir de M. CHA-
    TEL-DROUET. 200
M. CREVEL, Directeur d'assurances 100
Mme D. 300
M. DAMILAVILLE, Membre du Conseil honoraire 300
Les Enfants de Mme DAMILAVILLE 100
Mme DAVEY. 100
Mme Ernest DAVIEL, en mémoire de son mari 100
M. DAVIES-COOKE (AUBRYE) 100
M. DEGLATIGNY, Membre de la Chambre de Commerce. . . . 200.
Mme DELAMARE 100
M. Ed. DELAMARE-DEBOUTTEVILLE 100
M. Louis DELAMARE-DEBOUTTEVILLE, Membre du Conseil
    honoraire, et Mme L. DELAMARE-DEBOUTTEVILLE. 300
M. DEMAREST, Facteur des Postes (Sociétaire participant). . . 200
M. A. DUBOIS. 100
M. DUBREUIL, de Bapeaume. 100
Mme DUBREUIL. 300
M. DUCHEMIN, ✳, Présid. honor. de la Chambre de Commerce. 200
M. et Mme Victor DUFOUR. 300
Mlle DURECU, en mémoire de son père, M. VALLERY 100
M. Paul DUSSAUSSOY, Député du Pas-de-Calais. 200
M. DUVAL, Banquier. 200
M. DUVEAU, Ingénieur civil. 200
Les Enfants de M. RENIER, en sa mémoire. 100
M. le Comte D'ESTAINTOT, Avocat, ancien Bâtonnier 100
M. FAUCON, Greffier en chef du Tribunal de Commerce. 200
M. George FAUCON, Greffier en chef du Tribunal de Commerce. 100
M. FLAMBARD. 100
M. l'Abbé FLAVIGNY, Directeur de l'Institution Join-Lambert. . 100
M. Jules FRÉTIGNY. 100
M. et Mme G. 150
M. GASCARD 300
M. GAUDEFROY-LEPREVOST, Dentiste. 200

M. GERVAISEAU, de Fresnay (Sarthe). 300
Mᵐᵉ GESLIN, en mémoire de son mari. 200
M. GILLES, Président de la Société des Marins de Fécamp, en
    mémoire de sa mère. 300
M. l'Abbé GUÉRIN, Curé de Saint-Sever. 100
Mˡˡᵉ E. GIGNOU. 100
MM. HAUDUC Frères. 100
MM. HAUPOIS et DELAMARE. 100
Mᵐᵉ HAUPOIS, en mémoire de son mari. 200
MM. HAZARD et LE PICARD, Administrateurs-Délégués de la
    Filature Saint-Paul. 100
M. l'Abbé HÉDOUIN, Chanoine. 100
M. le Docteur P. HOUDEVILLE. 100
M. HOUSSET 200
M. et Mᵐᵉ JOUAS 400
M. Maurice KEITTINGER 100
M. KNIEDER, ✳, Président de la Société Industrielle. 100
Mᵐᵉ veuve LACHÈVRE. 100
M. le Comte de LAS CASES, Avocat. 200
M. LA MARRE 350
M. l'Abbé LAMY, Curé de Saint-Nicaise. 100
M. LAUNAY, Professeur au Lycée. 100
M. LE BASTARD (Sociétaire participant). 100
M. LECAPLAIN, ✳, Professeur au Lycée. 400
M. et Mᵐᵉ LEGRAND 300
M. Marcel LE GRAND, C ✠ ✠ ✠ ✠, Président de la Société
    l'Union des Ouvriers et Employés de Fécamp, Directeur
    général de la Bénédictine, et Mᵐᵉ Marcel LE GRAND. . 200
M. LEBON, ✸, Avocat, Député. 100
M. Maurice LEMARCHAND, Membre du Conseil honoraire, et
    Mᵐᵉ Maurice LEMARCHAND. 300
M. Raymond LEMARCHAND 200
M. Daniel LEMARCHAND. 100
M. LE PREVOST, Sous-Directeur d'assurances. 200
Mᵐᵉ LEROY-TEHY, en mémoire de son mari. 100
M. LESOUEF, ✳, Sénateur, Conseiller général 100
M. l'Abbé LESOURD, Chanoine. 100
Mᵐᵉ LEVASSEUR, en mémoire de son mari. 100
M. LEVASSEUR. 100
M. O. MARAIS, ✳, Avocat, ancien Bâtonnier. 100
M. A. MARTIN, Commissaire-Priseur honoraire. 100
M. et Mᵐᵉ E. MASSON, en mémoire de M. DILIGEON. 400
M. et Mᵐᵉ Louis MAYEUX. 100
M. MERLIN. 100
Mᵐᵉ MIROUDE-PICHARD. 400
Mᵐᵉ Ph. MOREL, en mémoire de son mari 100
Mᵐᵉ MORIN-BEAUSSARD, en mémoire de son mari. 100
M. et Mᵐᵉ V. MOTTAY 400
LL. MM. l'Emp. Napoléon III et l'Impér. Eugénie. 200

M. O'NEIL, Consul de S. M. Britannique, et Mme O'NEIL. . . . 300
M. PÉCUCHET, Banquier. 100
MM. les Pharmaciens de Rouen 200
M. Jules LE PICARD. 100
M. L. LE PICARD, Membre du Conseil honoraire. 100
M. J. POUSSIN, Trésor. du Cons. honor., et Mme J. POUSSIN. 100
M. G. A. PREVOST, ancien Magistrat. 100
M. QUEVILLON, O. ✳, Lieutenant-Colonel d'État-Major. 200
M. DU QUESNAY, ✳, anc. Col. de la Garde nat. de Rouen. . . 200
Une Religieuse d'Ernemont. 100
M. le Général ROBERT, C ✳, V.-P. du Cons. gén., Sénateur. . . . 200
M. l'Abbé SARRAZIN, Curé-Doyen de Grand-Couronne, et
    M. A. SARRAZIN, ✳, avocat, Membre du Conseil hono-
    raire, en mémoire de leur mère. 200
M. SAVALLE 100
M. SIMON, ✳, de Paris. 100
Un Membre participant. 100
Société d'Assurance générale (Agence de Rouen). 200
Société Générale (Agence de Rouen). 100
Avril 1883. M. et Mme STACKLER, à l'occasion du mariage de
    leur fille. 200
M. l'Abbé THOMAS 100
M. et Mme THUILLIER, en mémoire de M. LE MAIGNEN. . . . 100
M. TURPIN, ✳, membre du Conseil honoraire, membre de la
    Chambre de Commerce, et Mme TURPIN 400
MM. Ed. VAUCHER et Cie. 100
M. VALLOT. 100
M. VREL. 100
Mme YVERT, en mémoire de son mari. 100
X. Z. 100
M. H. WALLON, Membre de la Chambre de Commerce, ancien
    membre du Conseil honoraire. 200

DONATEURS DÉCÉDÉS (1)

MM. J. ALLARD, Présid. du Conseil honor., et J. DUVAL, ✳,
    Conseiller à la Cour, en mémoire de Mme LIMARE. . . . 100
M. ANGOT 100
M. le Comte DE BAGNEUX, ✳, ancien Député. 100
Mlle BARD. 100
Mme veuve BARD 100
Mlle BÉNARD 100

(1) Ne sont pas indiqués ici plusieurs donateurs qui ont fait un don collectif avec
une autre personne vivant actuellement; ils se trouvent sur la liste précédente.

M. l'Abbé BILLARD, Curé de Saint-Sever.   200
S. G. Mgr. BLANQUART DE BAILLEUL, ✳, Archevêque de
    Rouen.   200
M. l'Abbé CAYEZ, Curé de Saint-Patrice.   200
Mᵐᵉ la Comtesse DE LA CHASTRE   100
Mᵐᵉ CHARVET   100
Le Comité des Fêtes du Commerce.   200
M. COUILLARD.   300
Mᵐᵉ veuve Amand DIEUSY.   100
M. DORIVAL   100
M. le Vicomte DOYNEL · · ·   100
Mᵐᵉ DUCAMP   100
M. Albert DUCHEMIN.   100
M. DUMOULIN   100
M. FAUQUET-LEMAITRE, ✳   200
M. FLEURY.   400
M. FOLIOT   100
Mᵐᵉ FOURNOUT   400
M. Lucien FROMAGE, ✳   200
Mᵐᵉ GILLES, en mémoire de son mari.   300
M. GUIARD, ✳, Ingénieur en chef des Ponts et Chaussées. . . .   400
Mᵐᵉ HARDY   100
Mᵐᵉ veuve HAUGUET.   100
M. Valentin HÉBERT   200
M. le Docteur P. HELOT.   100
M. HÉNAUT   200
M. LE MAIGNEN   100
M. A. LEMAIGNENT, Membre du Conseil honoraire   400
M. LESAGE   200
M. Ch. LEVAVASSEUR, ✳, Député.   100
M. LOUVET père.   100
MM. L. membre, du Conseil honoraire et L. MALFILATRE . . .   100
M. MALLARD, Trésorier du Conseil honoraire   100
M. MASSELIN, ancien Adjoint, Notaire honoraire   100
M. Emile MASQUELIER, ✳, Membre de la Chambre de Com-
    merce du Havre   100
M. MAUDUIT, Vice-Prés. du Com. des Fêtes de Bienfaisance . .   200
M. PICHARD.   100
M. H. RONDEAUX.   100
24 mai 1881. — Le même, don spécial.   300
M. O. ROULAND, Avocat.   100
M. SANSON, O ✳, Trésorier-Payeur général.   300
M. STACKLER   200
M. TAILLET, Avocat, ancien Bâtonnier.   100
M. THÉVENIN, Membre du Conseil honoraire   100
M. Ernest TRICOT   100
M. l'Abbé TRUEL.   100
Mᵐᵉ. VERDREL   100
M. ZELLER.   100

ANNEXES

DEUXIÈME CONGRÈS NATIONAL D'ASSISTANCE

Juin 1897

DISCOURS DE M. H. VERMONT

SUPÉRIORITÉ

de l'assistance préventive sur l'assistance publique.

MESSIEURS,

Il m'a été impossible d'assister aux premières séances du Congrès ; je le regrette d'autant plus que vous y avez déjà traité une des questions qui me tiennent le plus au cœur (1).

Le très intéressant rapport de M. Strauss vous demande de la trancher nettement, en appuyant un projet de loi qui déclare l'assurance obligatoire et qui proclame le droit aux secours de tout incurable et de tout septuagénaire indigent, mis à la charge de l'État et des communes.

En quoi consiste exactement ce projet de loi ?

M. H. Vermont discute cette question spéciale en se plaignant que le projet pour lequel on demande l'approbation du Congrès n'ait pas été suffisamment expliqué, puis, élargissant le débat, il ajoute :

Ce qui fait la grandeur et le mérite de l'homme, c'est sa liberté ; vous l'amoindrissez toutes les fois que vous le traitez en enfant.

En faisant de l'État une sorte de Providence chargée de tout savoir, de tout prévoir, de tout pouvoir, vous diminuez l'initiative et la valeur du citoyen, en même temps que sa responsabilité. Quant à

(1) Ce Congrès était surtout composé des représentants de l'Assistance publique, partisans déterminés de l'omnipotence de l'État.

prétendre que l'État fait ses affaires mieux que nous-mêmes, personne ne l'oserait ; pour se convaincre du contraire, il suffit de craquer une allumette.

Ce n'est point en rendant l'assurance obligatoire et en réservant à l'État le devoir de secourir la misère que vous la diminuerez, et sans parler de ceux que vous exciterez à feindre cette misère, vous augmenterez le nombre des malheureux, car il faudra de nouveaux fonctionnaires pour appliquer cette loi. Elle sera très onéreuse par elle-même, elle nécessitera donc de nouveaux impôts qui, se répercutant sur toutes choses, élèveront le prix des loyers, de la nourriture, du vêtement, c'est-à-dire que pour venir en aide aux vieillards, vous augmenterez les difficultés de l'existence pour tout le monde.

Ce n'est là qu'un des moindres inconvénients de votre système. Ce qu'il faut développer, ce n'est pas l'assistance publique qui humilie beaucoup plus qu'elle ne relève, et qui, par l'abaissement et la promiscuité des malheureux, leur fait trop chèrement payer les maigres secours qu'elle leur donne. Pour empêcher ou atténuer la misère, il faut surtout la prévenir en faisant appel à l'esprit d'initiative et en secondant les efforts libres et courageux de ceux que la misère menace et qui ont la noble ambition de s'en préserver.

Vous voudriez qu'en France tout indigent fût assisté, et moi je voudrais qu'on diminuât leur nombre, en venant d'abord sérieusement en aide à ceux qui font tout ce qu'ils peuvent pour n'avoir pas besoin de l'assistance.

Votre projet de loi est aussi injuste qu'humiliant, puisque sous prétexte d'égalité, il fait dépendre les droits, non du mérite et des efforts, mais de l'acte de naissance.

Que pourrez-vous dire au paresseux, à l'imprévoyant ? Ils vous répondront qu'ils n'ont besoin, ni de travailler, ni de se gêner, et qu'ayant droit à l'assistance, ils seraient bien sots d'épargner avec beaucoup de peine pour leurs vieux jours, puisque l'État se chargera de les nourrir. (*Exclamations.*)

L'ouvrier modèle, sobre, économe, prévoyant, qui aura travaillé courageusement toute sa vie, qui aura péniblement élevé une nombreuse famille, qui aura été, en un mot, constamment utile à son pays, n'aura pas plus de droits qu'un paresseux, qu'un ivrogne, qu'un repris de justice ; s'il est âgé de quelques mois de plus, c'est ce dernier qui sera préféré, et vous ne voyez pas que vous créez ainsi une véritable prime à la paresse et à tous les vices. (*Nouvelles exclamations.*)

Bel encouragement au bien que le vôtre. L'État, bon père, après avoir nourri et hébergé les malfaiteurs dans les prisons, quand ils étaient valides, sera obligé de leur venir en aide lorsque, restés pauvres par leur faute, ils seront septuagénaires. (*Protestations.*)

Vous allez donc surcharger nos finances déjà obérées, pour mettre sur un pied d'égalité absolument injuste l'ouvrier sobre et l'ivrogne, le père de famille modèle et le débauché, l'honnête homme et le criminel.

C'est le contraire que je souhaiterais.

Je voudrais que chacun fût traité selon son mérite et que l'État se déchargeât le plus possible de l'assistance, en encourageant et en aidant davantage les efforts personnels ou collectifs contre la misère, et notamment les Sociétés qui, au lieu de la secourir quand elle est irrémédiable, l'empêchent de se produire, en amoindrissant les causes qui l'engendrent.

Dans un pays comme le nôtre où l'esprit d'épargne est si fréquent, je voudrais qu'on s'occupât beaucoup plus des travailleurs prévoyants, de ceux qui ont souci du lendemain, et qui au lieu de réclamer le droit aux secours tiennent à honneur de se suffire à eux-mêmes et s'imposent parfois de dures privations, pour n'avoir besoin ni des hôpitaux ni des bureaux de bienfaisance, en se prémunissant eux-mêmes contre la maladie et contre la vieillesse.

L'État, en matière d'assistance, doit aider *d'abord* ceux qui s'aident eux-mêmes.

Vous avez en France — en laissant de côté les membres honoraires — un million deux cent mille mutualistes, n'ayant d'autre fortune que leur travail, qui se sont préoccupés bien avant vous du redoutable problème de l'invalidité.

Ceux que je vous signale sont l'élite des travailleurs. Ils s'appuient, non sur l'assistance, mais sur l'épargne personnelle et volontaire : ils demandent qu'on augmente, non pas leurs obligations, mais leur liberté ; leurs fonctionnaires sont supérieurs aux vôtres parce que, n'étant pas rétribués, ils ont pour mobiles le dévouement et la solidarité. Par eux, le problème de la maladie est déjà résolu, et celui de la vieillesse commence également à l'être. Ils ont déjà réalisé plus de deux cent vingt millions d'économies, en dotant notre pays d'un trésor de prévoyance qui augmente tous les ans.

Chacun vante les Sociétés de secours mutuels, mais on ne fait en réalité que bien peu de choses pour elles. La loi de 1886 sur la Caisse nationale des retraites n'a pas même respecté les engagements pris à leur égard, et son injuste rétroactivité a pour conséquence d'augmenter de trente pour cent le prix d'une pension, lorsqu'elle change de titulaire.

Je sais bien que, depuis quelque temps, on met les actes un peu plus d'accord avec les paroles : les départements et les communes comprennent mieux l'utilité de nos Sociétés, le Parlement a réduit d'un tiers, par ses subventions, le préjudice imposé à la constitution de nos pensions, l'énergique intervention de M. Barthou, ministre de l'Intérieur, vient d'empêcher la Chambre d'étendre cette injustice à l'intérêt de nos dépôts.

M. André Lefebvre. — Ce n'est pas la question, nous ne sommes pas là pour cela.

M. le Président. — Permettez-moi de vous faire remarquer que nous avons à discuter en ce moment un point spécial, celui de l'assistance aux infirmes et aux vieillards et que la question des Sociétés de secours mutuels, beaucoup trop vaste pour prendre place dans les questions du Congrès, ne figure pas à notre ordre du jour. Je vous prie donc de ne pas continuer à traiter la question de la mutualité, elle est tout à fait en dehors de la question.

M. Vermont. — Il se peut que certaines personnes considèrent que les retraites organisées pour les Sociétés de secours mutuels ne méritent pas d'être examinées par un Congrès d'assistance (*Vives protestations*), j'estime, au contraire qu'elles ont droit à toute votre sollicitude et que c'est en encourageant davantage la mutualité, ainsi que le Parlement et le Ministère commencent enfin à le faire, qu'on donnera une solution facile et pratique à la question que nous examinons.

Un Membre du Congrès. — Vos retraités ont moins de besoins, d'abord.

M. Vermont. — Vous n'en savez rien. Les plus malheureux ne sont pas toujours ceux qui se plaignent le plus. Nos pensions de retraite sont loin d'avoir atteint le chiffre que nous désirons, et ce n'est pas parce qu'ils auront une rente viagère, dont la moyenne est de soixante-huit francs (1) que nos retraités seront tous et toujours à l'abri du besoin et moins dignes d'intérêt que ceux qui n'ont jamais travaillé ou jamais épargné.

Bien loin de m'écarter de la question, j'indique un moyen de solution préférable à celui qu'on vous propose.

(1) Cette moyenne serait notablement plus élevée sans l'injuste rétroactivité de la loi de 1886.   H. V.

Les ouvriers des Sociétés de secours mutuels ont voulu, bien avant les théoriciens, assurer des secours à leur vieillesse. Ils l'ont voulu, non par le droit à l'assistance, mais par l'habitude de l'épargne, non par l'omnipotence de l'État, mais par la puissance de l'association et des efforts personnels, non par l'obligation, mais par la liberté.

Et leur moyen a sur le vôtre le grand avantage d'avoir été réalisé. En 1870, nous n'avions que deux mille trois cents retraités, nous en avions trente-cinq mille en 1895, que la même progression continue, ils seront cinq cent mille dans vingt-trois ans.

A ceux qui trouveraient cette œuvre bien longue, je rappellerai que les solutions hâtives ne sont pas toujours les meilleures. Le temps respecte peu ce que l'on fait sans lui. Les mutualistes français ont jeté les bases de l'édifice qui devait protéger l'ouvrier contre la misère, en laissant aux générations futures le soin de compléter leur œuvre. Dès aujourd'hui, elle s'élève au-dessus des tâtonnements, des préjugés et des défiances, et si nous ne touchons pas au faîte, tout au moins avons-nous la certitude de l'atteindre.

Peut-on, doit-on nous y aider ? Assurément, oui. Les particuliers, par leur générosité, s'ils sont riches, l'État par son concours, s'il est sage et prévoyant.

Je combats la doctrine de Platon qui est celle des socialistes et qui proclame l'omnipotence de l'État ; je n'accepte pas non plus la doctrine opposée qui repousse l'ingérence, le contrôle et le concours de l'État. La solution très simple que je vous propose consiste à s'occuper des ouvriers prévoyants avant de proclamer le droit au secours de tous les autres ; à seconder les efforts individuels et collectifs, au lieu de les remplacer par de nouvelles obligations, de nouveaux fonctionnaires et de nouveaux impôts ; à alléger ainsi les charges de l'État et à lui demander son concours, car plus on développera l'épargne et l'esprit d'association et d'initiative, plus on diminuera les charges de l'assistance en relevant à la fois le niveau de la fortune et de la moralité publique.

Je vous propose, Messieurs, de substituer à la proposition de M. Strauss le vote de la résolution suivante :

« Le Congrès d'assistance proclame la supériorité de l'assistance privée et préventive sur l'assistance publique. Il demande que, pour résoudre le problème de l'invalidité résultant de la vieillesse, on favorise davantage les Sociétés de secours mutuels et qu'on aide d'abord les travailleurs prévoyants ».

(Des applaudissements saluent la lecture de ces conclusions.)

Assemblée générale du mardi 16 août 1898.

RAPPORT

présenté par M. VERMONT, vice-président du Congrès sur le taux de capitalisation
des pensions de retraites.

M. Vermont. — Une des plus heureuses dispositions de la nouvelle
loi sur les Sociétés de Secours mutuels est celle qui, au moyen de
subventions compensatrices, assure à nos dépôts le taux de 4 1/2 o/o.

Malheureusement, et par une anomalie injustifiable, le taux de
capitalisation de nos pensions continue à être réglé par la loi de 1886,
dont l'injuste rétroactivité l'abaisse actuellement à 3 1/2 o/o et permet
de l'abaisser plus encore.

Toutes les raisons que nous invoquions pour les dépôts s'appli-
quent aux pensions.

L'abaissement, au-dessous de 4 1/2, de leur taux de capitalisation,
est une injustice pour le passé et un acte d'imprévoyance pour
l'avenir.

Un acte d'injustice pour le passé : l'Etat a obligé les Sociétés de
Secours mutuels, approuvées ou reconnues, à lui confier leurs capitaux en leur imposant le taux invariable de 4 1/2, alors même que le
loyer de l'argent était plus élevé; il a pris un engagement formel qu'il
est inique de violer. On l'a reconnu pour les dépôts; il est inconce-
vable qu'on ne le reconnaisse pas pour les pensions.

C'est d'autant plus extraordinaire, qu'il y a pour le pays tout
entier un intérêt considérable à encourager, à favoriser tout ce qui
est de nature à décharger l'Etat des dépenses que lui impose la vieillesse malheureuse. C'est pour cela sans doute qu'à plusieurs reprises,
et notamment de 1872 à 1882, le taux de capitalisation de nos pensions de retraite a été élevé à 5 o/o, alors que l'intérêt de nos dépôts
était seulement de 4 1/2. Le projet de loi sur la Caisse nationale des

retraites, présenté au nom de M. le Président de la République, le 18 mars 1882, avait pour but direct d'assurer à tout jamais à nos pensions ce taux de 5 o/o, et l'exposé des motifs en donnait la raison : *l'État*, disait-il, *a le devoir de venir en aide à ceux qui s'aident eux-mêmes.*

Ce taux ayant été abaissé avant la discussion du projet de loi, nous avons protesté par une pétition dont M. Waldeck-Rousseau, Ministre de l'Intérieur, reconnut le bien fondé par une circulaire administrative, dans laquelle il constata que le taux de 5 o/o, établi depuis dix ans, servait de base à nos calculs pour les pensions de retraite, et il promit en même temps de demander que ce taux fût rétabli.

Ce n'était qu'une promesse ; mais l'engagement pris par l'Etat de servir 4 1/2 à nos capitaux est formel ; il a été reconnu, il ne fait aucune distinction.

Nous avons jusqu'en 1886 confié nos capitaux à l'Etat sur cet engagement d'un taux de 4 1/2, que nous avons subi quand il nous était onéreux, dont nous devions profiter quand il nous serait avantageux.

A défaut de la promesse de 5 o/o faite à la capitalisation de nos pensions, l'Etat était donc et reste obligé de servir 4 1/2 aux sommes qui lui ont été confiées par nous sur la foi de cet engagement, et je défie qui que ce soit d'indiquer un motif qui lui permette de s'exonérer de cette obligation. Peu importe qu'il s'agisse de capitaux déposés en compte courant ou de capitaux employés en pensions, la règle était la même et notre droit pareil. Soutenir le contraire serait illogique et inique.

L'Etat, pour son crédit et l'honneur de sa signature, tient ses engagements envers les banquiers ; il doit les tenir également envers les ouvriers.

Dans la pratique et par suite de la rétroactivité de la loi de 1886, nous subissons des déceptions vraiment irritantes. Jugez-en : si nous avions été libres de l'emploi de notre argent, nous aurions acheté du 3 o/o français à 4, 4 1/2, 5 et même 6 o/o, suivant le cours de la rente au jour de nos achats, et nous aurions toujours touché 4, 4 1/2, 5 et 6 o/o, quel que fût le pensionnaire auquel cette rente aurait été servie.

Les choses ne se passent pas de la sorte ; le décès d'un retraité suffit pour augmenter nos dépenses ou diminuer nos rentes et l'écart est de 10, 20 et même de 30 o/o alors qu'il s'agit pourtant de l'emploi du même capital, versé à la même époque, dans le même but, par la même Société.

Prenons pour exemple une pension de 100 francs créée par nous en 1881 : elle a coûté 1,997 francs ; le décès du titulaire, au lieu de permettre le transfert de cette rente d'une tête sur une autre, a exigé, suivant l'époque du décès, 2,225 francs, 2,500 ou 2,857 francs au lieu de 1,997 francs, et si la Société n'a pas voulu ajouter un nouveau capital à celui qui suffisait lors de la constitution de la rente, la pension de 100 francs sera descendue à 90 francs, 80, et aujourd'hui à 70 francs.

Avouez que tout cela est bien injuste.

A l'injustice pour le passé se joint l'imprévoyance pour l'avenir.

A partir de 1886 la situation est changée ; l'Etat a modifié la loi, mais d'une manière aussi illogique qu'imprévoyante. Il a maintenu notre obligation de lui verser nos capitaux en leur assurant toujours 4 1/2 o/o d'intérêt, mais en se réservant de les capitaliser sur des bases variables et à un taux inférieur, quand ces capitaux seraient employés pour le service des pensions. Il est contradictoire de nous accorder 4 1/2 pour nous engager à épargner afin de pouvoir créer des pensions et de ne plus nous donner que 3 1/2, c'est le taux actuel, quand nous constituons ces pensions. On recule le but de notre épargne au moment où nous allons l'atteindre.

Ce n'est pas tout.

Pour savoir quelles pensions nous pourrons donner, il nous faut connaître quel en sera le prix ; nous ne pouvons pas faire de calculs certains et de promesses sérieuses avec des données inconnues. L'incertitude qu'on nous impose diminue la confiance de nos sociétaires et la base nécessaire à nos engagements.

L'intérêt financier se joint d'ailleurs à l'intérêt moral pour développer et augmenter nos pensions. Il serait juste que les fonds abandonnés des Caisses d'épargne profitent entièrement à l'épargne ; il serait naturel que la Caisse des dépôts et consignations fît profiter l'épargne populaire et nos pensions de retraite des bonis qu'elle réalise tous les ans.

Il vaut mieux, il est moins coûteux d'accorder une bonification d'intérêts à la petite pension qu'un vieil ouvrier a eu la sagesse de s'assurer, que d'avoir complètement à sa charge ce vieillard parce qu'il n'a jamais épargné.

On s'occupe beaucoup, depuis quelque temps, des questions d'Assistance publique, c'est bien ; si on s'occupait davantage des questions d'assurance préventive, ce serait mieux ; car si l'assistance publique vient en aide à la misère, l'assurance préventive, seule, peut en arrêter le fléau.

Il est assurément désirable de secourir tous les septuagénaires indigents ; je crois pourtant que ceux-là surtout méritent la sympathie qui se sont préservés de l'indigence par de pénibles sacrifices et de persévérants efforts. Aussi voudrions-nous qu'on encourageât et qu'on récompensât leur prévoyance en accordant le taux de 4 1/2 à leurs trop modiques pensions. (*Applaudissements*.)

La cinquième Commission, confiante dans la sollicitude du Parlement pour les Sociétés de secours mutuels, vous propose, à l'unanimité de ses membres, d'émettre le vœu suivant :

« Le taux de capitalisation des pensions de retraite des Sociétés de
« secours mutuels doit être égal au taux d'intérêt de leurs dépôts,
« c'est-à-dire de 4 1/2 o/o. »

Cette proposition, dont M. Vermont avait pris l'initiative, a été votée par l'unanimité des Membres du Congrès [1].

M. H. Vermont a été également rapporteur au sixième Congrès national des nombreuses demandes tendant à modifier l'article 28 de la loi du 1er avril 1897 qui interdit de faire partie de plusieurs Sociétés de secours mutuels pour se constituer des rentes supérieures à 360 francs, et qui prive des avantages de la loi la Société tout entière, si elle n'exclut pas ce sociétaire.

Le Congrès a demandé que le maximum de pension fût élevé de 360 à 600 francs. Il a pensé avec raison qu'on doit encourager et non blâmer et entraver les efforts des travailleurs dans ce but.

(1) Il n'est pas admissible que, pour obtenir le taux de 4 1/2, on soit obligé de recourir indéfiniment à de véritables chinoiseries. Toutefois et jusqu'à ce que cette réforme soit réalisée, les Sociétés de secours mutuels feront sagement de ne plus constituer leurs pensions à l'aide de leur capital de retraite, mais de servir les rentes de leurs retraités avec les intérêts de ce capital disponible, puisqu'ils donnent 4 1/2.

ÉTAT comparatif de l'ÉMULATION CHRÉTIENNE de Rouen

I. AVEC LES SOCIÉTÉS DE SECOURS MUTUELS APPROUVÉES. — II. AVEC TOUTES LES SOCIÉTÉS DE SECOURS MUTUELS DE FRANCE.

Les chiffres qui vont suivre sont empruntés au dernier rapport ministériel donnant l'état des Sociétés au 31 décembre 1896; à cette époque, il existait en France 10,960 Sociétés dont 7,943 approuvées [1].

	TOTAUX		MOYENNES		ÉMULATION CHRÉTIENNE	
	Sociétés approuvées	Toutes les sociétés	Sociétés approuvées	Toutes les sociétés	En 1896	En 1898
Nombre des membres honoraires	224.149	254.167	29	24	903	866
Nombre des membres participants { Hommes	915.483	1.189.757	119	114	1.512	1.616
Femmes	198.365	241.605	26	23	1.196	1.294
Enfants	43.855	50.679	6	5	195	258
Total des membres participants	1.157.703	1.482.041	151	142	2.903	3.168
Recettes	26.884.528 fr.	35.492.769 fr.	3.511 fr.	3.420 fr.	111.615 fr.	159.253 fr.
Dépenses	21.697.588 fr.	27.915.013 fr.	2.833 fr.	2.690 fr.	74.278 fr.	88.461 fr.
Excédent des recettes	5.186.940 fr.	7.577.756 fr.	678 fr.	730 fr.	37.337 fr.	70.792 fr.
Montant des fonds de réserve [2]	87.104.510 fr.	127.147.491 fr.	11.375 fr.	12.254 fr.	50.403 fr.	92.634 fr.
Montant des fonds de retraite [3, 4]	121.463.185 fr.	121.463.185 fr.	28.989 fr.	28.989 fr.	666.714 fr.	730.392 fr.
Nombre des retraités [4]	38.894	38.894	9	9	193	[5] 192
Montant de leurs pensions viagères [4]	2.685.566 fr.	2.685.566 fr.	chaque 641 fr.	641 fr.	23.832 fr.	23.080 fr.
			retraité 69 fr.	69 fr.	123 fr.	[6] 120 fr.
Avoir total	206.567.095 fr.	248.610.676 fr.	40.364 fr.	41.248 fr.	717.117 fr.	822.966 fr.

(1) Il ressort du rapport ministériel que 7,657 Sociétés approuvées et 2,719 Sociétés autorisées, soit 10,376 Sociétés seulement avaient envoyé leurs comptes. Les 587 qui ne l'ont pas fait sont pour la plupart de très petites Sociétés.

(2) On désigne ainsi les fonds placés en compte-courant à la Caisse des Dépôts et qui peuvent en être retirés.

(3) 4,190 Sociétés seulement avaient à cette époque un fonds de retraite.

(4) Ces chiffres sont empruntés à la récapitulation générale du rapport (page 303) et ne comprennent pas les majorations accordées par l'État sur le crédit spécial de chaque année, ni les pensions des septuagénaires indigents.

(5) Il y a eu, cette année-là, un nombre exceptionnel de décès de retraités, sans quoi leur nombre eût augmenté.

(6) L'abaissement de l'âge d'admission à la retraite augmente le nombre des retraités, mais diminue la moyenne des pensions.

ÉTAT comparatif, au 31 décembre 1896, des Sociétés reconnues d'utilité publique,

Emprunté à la statistique publiée en 1899 par M. le Ministre de l'Intérieur

DÉSIGNATION DES SOCIÉTÉS RECONNUES COMME ÉTABLISSEMENTS D'UTILITÉ PUBLIQUE	NOMBRE DES MEMBRES au 31 décembre 1896 Honoraires	PARTICIPANTS Hommes	Femmes	Enfants	Ensemble	MONTANT des RECETTES en 1896	MONTANT des DÉPENSES en 1896	FONDS de RÉSERVE au 31 décembre 1896	FRAIS DE MALADIE, Secours divers et pensions payées sur les fonds de réserve en 1896	FONDS de RETRAITE TOTAL au 31 décembre 1896	PENSIONS servies sur les fonds de retraite — Nombre des pensionnaires	Quotité moyenne des pensions	Montant total des pensions	AVOIR GÉNÉRAL au 31 décembre 1896
						FR.	FR.	FR.	FR.	FR.		FR.	FR.	FR.
ÉMULATION CHRÉTIENNE, à Rouen	903	1.512	1.196	195	2.903	77.450	61.274	50.403	38.718	666.715	193	124	23.832	717.118
Arts et Métiers, à La Rochelle (Charente-Inférieure)	173	165	200	215	580	9.975	11.288	21.356	8.146	42.368	17	83	1.420	63.724
Protestante de prévoyance, à Paris	366	271	331	»	602	17.568	19.597	37.047	13.101	63.636	13	155	2.013	100.683
Artistes dramatiques, à Paris	»	1.607	1.638	»	3.245	284.439	198.208	4.841.976	178.078	»	»	»	»	4.841.976
Vrais amis de la boucherie, à Paris	143	394	12	»	406	29.984	35.785	53.332	29.712	428.772	159	107	16.988	476.104
Sauveteurs médaillés de la Seine, à Paris	471	222	»	»	222	14.349	13.138	17.756	3.946	174.865	22	115	2.544	192.621
Demoiselles employées dans le commerce, à Paris	245	»	437	»	437	32.265	21.844	66.563	3.788	149.677	45	103	4.621	216.240
La Mutualité commerciale, à Paris	237	4.094	976	34	5.104	175.505	154.988	230.036	132.170	»	»	»	»	230.036
L'Union du commerce, à Paris	342	16.708	»	»	16.708	491.715	460.938	1.085.429	302.970	680.901	»	»	»	1.766.330
Association des Voyageurs et des Commis de l'Industrie et du commerce, à Paris	1.123	4.710	199	»	4.909	215.746	215.571	137.060	153.269	1.030.097	65	142	9.244	1.167.157
Notre-Dame-de-Bonsecours, à Dieppe (Seine Inférieure)	58	357	79	»	436	9.611	9.583	73.351	6.671	89.158	57	57	3.984	162.709
La Prévoyance commerciale, à Paris	171	1.923	678	»	2.601	288.928	109.583	2.948.814	76.673	372.314	»	»	»	3.321.128
Anciens militaires de terre et de mer, à Paris	255	251	59	9	319	16.076	20.614	36.915	8.155	92.354	18	94	1.690	129.269
Protection mutuelle des Voyageurs de commerce, à Paris	2.201	5.354	36	»	5.390	275.360	256.939	348.436	170.467	323.401	»	»	»	671.837
Employés des Administrations départementales et communales de France, à Paris	99	1.048	»	»	1.048	39.529	28.306	160.171	8.085	23.632	»	»	»	203.823
Amicale de prévoyance de la Préfecture de police, à Paris	25	3.938	6	»	3.944	193.096	184.199	10.155	9.181	1.434.738	498	61	30.442	1.144.893
Sauveteurs du département du Nord, à Lille	123	960	15	»	975	26.169	25.171	3.225	4.097	80.340	21	119	2.509	89.565
TOTAUX	6.999	43.514	5.862	453	49.829	2.167.659	1.822.746	10.142.245	1.147.225	5.352.988	1.108	89	(1) 98.584	15.495.233
1898 ÉMULATION CHRÉTIENNE de Rouen	866	1.616	1.294	258	3.168	120.104	86.044	92.633	46.078	790.382	192	120	23.080	822.966

(1) Non compris les majorations de pensions accordées par l'État depuis 1894.

Ces chiffres ne concordent pas avec notre état annuel sur certains points par suite de la différence des recettes ou dépenses portées ou omises dans les additions, suivant qu'on y porte ou qu'on y omet les chiffres ou quelques-uns des chiffres concernant les retraites. Ainsi, les dépenses de l'Émulation chrétienne en 1898, ont été en réalité de 86.484 fr. 68 et les recettes de 159,253 fr. 93 laissant un boni de 70,792 fr. 25.

L'état ministériel ne compte pas les sommes produites pour les retraités par leurs rentes, et il porte en dépense les versements faits à la Caisse des retraites pour les Sociétés; ce versement n'est pas une dépense réelle, mais un simple déplacement de fonds dont chaque Société reste propriétaire.

ÉMULATION CHRÉTIENNE DE ROUEN

Société de Secours mutuels et de Retraite reconnue d'utilité publique

Résumé des Opérations pendant l'année 1898, et du 2 Décembre 1849 au 31 Décembre 1898

	ANNÉE 1898 seul.	1er Décembre 1849 au 31 Décembre 1898
RECETTES.		
Il a été versé par les hommes pour droit d'entrée, cotisations et amendes	27.103 20	898.557 64
Les femmes et enfants ont versé aux mêmes titres	21.875 45	407.365 40
Les subventions accordées par le Département et la Ville, les intérêts des fonds placés, les concerts, les dons et legs de bienfaiteurs et les recettes diverses, ont produit	53.653 08	378.338 09
Cotisations honoraires, dons et legs de donateurs et produit d'une quête faite par MM^mes Yzeu, Magniaux, René Le Breton, J. d'Thaucqueville	12.604 05	458.839 39
RECETTES de la Caisse des Retraites en 1898 et depuis 1849.		
Subventions proportionnelles du gouvernement	6.021 »	177.313 »
Subvention provenant des fonds abandonnés des caisses d'épargne	435 45	435 45
Subvention extraordinaire pour les retraites (1)	2.611 »	13.555 »
Coupons de rente	23.457 34	(*)401.783 06
Rentes supplémentaires pour les septuagénaires	1.435 47	4.252 61
Intérêts capitalisés	4.255 44	138.257 96
RECETTES SPÉCIALES.		
Souscriptions pour des malheurs publics ou privés, pains bénits, soirées musicales, conférences, etc.	933 65	105.962 83
Caisse des Prêts d'honneur : Dons et souscriptions... 626 fr. Intérêts 393 fr. 50; Remboursements, 3.854 fr. 50	(*)4.565 50	17.738 65
DÉPENSES.		
HOMMES.		
Secours en argent aux grabataires et octogén. ayant droit, en outre, aux soins du médecin, aux médicaments et à l'inhumation. Pensions payées direct^t	257 25	40.233 79
Subventions en argent pour maladies	12.643 80	363.707 98
Médicaments pour maladies et indispositions (4)	8.214 07	361.049 54
Frais funéraires, secours aux veufs	1.387 10	67.415 63
FEMMES ET ENFANTS.		
Médicaments pour maladies et indispositions (4)	11.696 84	290.245 25
Secours de vieillesse, pension des octogén., droit de naissance. Pensions payées directement	2.528 90	43.453 50
Frais funéraires, secours aux veuves et orphelins	1.257 10	23.398 07
DÉPENSES APPLICABLES AUX DEUX SEXES.		
Honoraires de MM. les Médecins	8.063 35	205.287 55
Frais généraux (appointements des employés, chauffage, éclairage, imprimés, dépense de la caisse honoraire, convocations, location du bureau supplémentaire, achat et entretien du mobilier)	9.359 31	249.307 30
DÉPENSES de la Caisse des Retraites.		
Pensions servies aux retraités en 1898 et depuis 1871 (5)	23.457 34	(*)401.788 00
Emploi en capital aliéné de la subvention extraordinaire pour les retraités	2.611 »	13.555 »
Pensions servies aux retraités septuagénaires	1.435 47	4.253 31
DÉPENSES SPÉCIALES.		
Souscriptions pour des malheurs publics ou privés, pains bénits, soirées musicales, conférences, etc.	933 65	105.962 83
Prêts d'honneur... 154 fr. 50	4.586 50	6.776 90
TOTAL DES DÉPENSES	88.461 68	2.179.427 59
RÉSUMÉ. Recettes	159.253 93	3.002.393 11
Dépenses	88.461 68	2.179.427 59
EXCÉDENT DES RECETTES	70.792 25	822.965 52
Total de l'avoir au 31 décembre 1898 — Disponible	92.633 91	(*)822.965 52
Total de l'avoir au 31 décembre 1898 — A la caisse des retraites (6)	730.332 11	

NOTA. — Les Sociétaires peuvent déposer leurs fonds à la Caisse d'Épargne par notre intermédiaire. Notre trésorier a un pouvoir à cet effet. L'ensemble de ces dépôts s'accroissait est de 123,779 fr. 9). Leur avoir au 31 décembre dernier était de 7,453 fr. 60.

(1) Ces sommes représentent le capital des rentes supplémentaires, délivrées par l'État, pour compléter nos pensions. Il n'a rien été porté comme capitaux pour les rentes viagères délivrées par l'État aux retraités septuagénaires n'ayant pas 360 fr. de ressources par an.

(2) Dont 2.454 fr. 91 résultant des rentes crédit par l'État sur les fonds provenant de subventions extraordinaires.

(3) Cette somme est ajoutée au compte synoptique ci-joint; partie aux subventions, dons et legs figurant dans ce compte pour 53,653 fr. 08, et partie aux cotisations honoraires, recettes diverses, etc., indiquées pour 12,604 fr. 05.

(4) Non compris 7,347 fr. 32 de médicaments fournis en 1898, payables en 1899, et qui représentent 5 mois de fournitures à crédit au lieu de 2, par suite du nouveau traité avec MM. les Pharmaciens.

(5) Les femmes participent aux pensions de retraite depuis le 1er avril 1886.

(6) Des versements de la Société entrent dans ce chiffre pour 414,325 fr. 70, y compris les dons et legs, ainsi que les subventions municipales proportionnelles.

(7) Non compris une somme de 1,000 fr. prêtée pour 3 ans, sans intérêts, par M. Frédéric Lefebvre, pour la Caisse des prêts d'honneur.

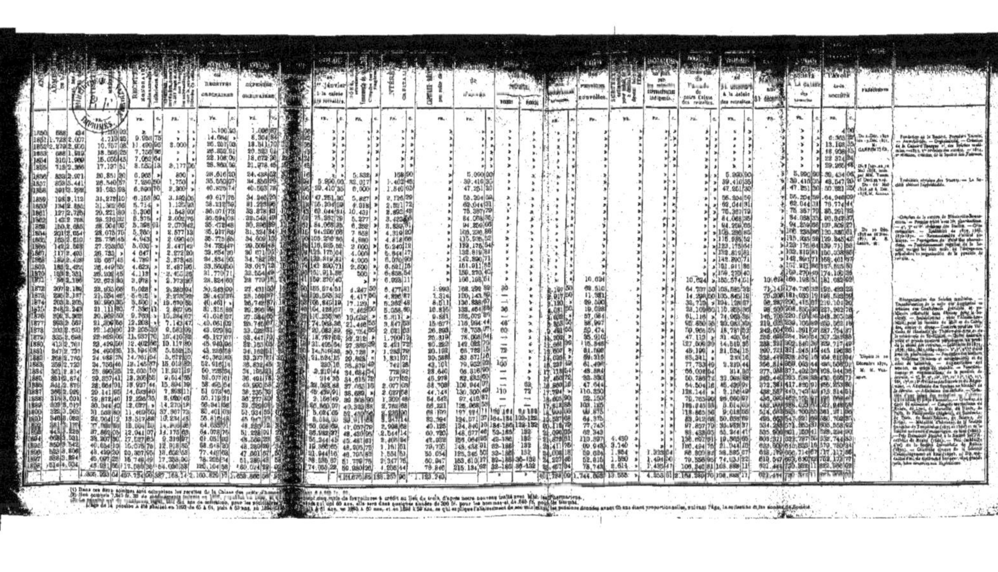

Année				Adhérents et a) Décembre précédent	Encaissements	de la liquidité	INTÉRÊTS capitalisés	TOTAL DU CRÉDIT	NOMBRE		Coût	PENSIONS servies au moyen du capital alimentaire		CAPITAUX de 31 décembre	Nombre	Coût	31 décembre	DÉCÈS Hommes	DÉCÈS Femmes
1856	[illegible]	[illegible]	[illegible]	[illegible]	[illegible]	[illegible]	[illegible]	[illegible]	[illegible]	[illegible]	[illegible]	[illegible]	[illegible]	[illegible]	[illegible]	[illegible]	[illegible]	[illegible]	[illegible]
1857	[illegible]	[illegible]	[illegible]	[illegible]	[illegible]	[illegible]	[illegible]	[illegible]	[illegible]	[illegible]	[illegible]	[illegible]	[illegible]	[illegible]	[illegible]	[illegible]	[illegible]	[illegible]	[illegible]
1858	[illegible]	[illegible]	[illegible]	[illegible]	[illegible]	[illegible]	[illegible]	[illegible]	[illegible]	[illegible]	[illegible]	[illegible]	[illegible]	[illegible]	[illegible]	[illegible]	[illegible]	[illegible]	[illegible]
1859	[illegible]	[illegible]	[illegible]	[illegible]	[illegible]	[illegible]	[illegible]	[illegible]	[illegible]	[illegible]	[illegible]	[illegible]	[illegible]	[illegible]	[illegible]	[illegible]	[illegible]	[illegible]	[illegible]
1860	[illegible]	[illegible]	[illegible]	[illegible]	[illegible]	[illegible]	[illegible]	[illegible]	[illegible]	[illegible]	[illegible]	[illegible]	[illegible]	[illegible]	[illegible]	[illegible]	[illegible]	[illegible]	[illegible]
1861	[illegible]	[illegible]	[illegible]	[illegible]	[illegible]	[illegible]	[illegible]	[illegible]	[illegible]	[illegible]	[illegible]	[illegible]	[illegible]	[illegible]	[illegible]	[illegible]	[illegible]	[illegible]	[illegible]
1862	[illegible]	[illegible]	[illegible]	[illegible]	[illegible]	[illegible]	[illegible]	[illegible]	[illegible]	[illegible]	[illegible]	[illegible]	[illegible]	[illegible]	[illegible]	[illegible]	[illegible]	[illegible]	[illegible]
1863	[illegible]	[illegible]	[illegible]	[illegible]	[illegible]	[illegible]	[illegible]	[illegible]	[illegible]	[illegible]	[illegible]	[illegible]	[illegible]	[illegible]	[illegible]	[illegible]	[illegible]	[illegible]	[illegible]
1864	[illegible]	[illegible]	[illegible]	[illegible]	[illegible]	[illegible]	[illegible]	[illegible]	[illegible]	[illegible]	[illegible]	[illegible]	[illegible]	[illegible]	[illegible]	[illegible]	[illegible]	[illegible]	[illegible]
1865	[illegible]	[illegible]	[illegible]	[illegible]	[illegible]	[illegible]	[illegible]	[illegible]	[illegible]	[illegible]	[illegible]	[illegible]	[illegible]	[illegible]	[illegible]	[illegible]	[illegible]	[illegible]	[illegible]
1866	[illegible]	[illegible]	[illegible]	[illegible]	[illegible]	[illegible]	[illegible]	[illegible]	[illegible]	[illegible]	[illegible]	[illegible]	[illegible]	[illegible]	[illegible]	[illegible]	[illegible]	[illegible]	[illegible]
1867	[illegible]	[illegible]	[illegible]	[illegible]	[illegible]	[illegible]	[illegible]	[illegible]	[illegible]	[illegible]	[illegible]	[illegible]	[illegible]	[illegible]	[illegible]	[illegible]	[illegible]	[illegible]	[illegible]
1868	[illegible]	[illegible]	[illegible]	[illegible]	[illegible]	[illegible]	[illegible]	[illegible]	[illegible]	[illegible]	[illegible]	[illegible]	[illegible]	[illegible]	[illegible]	[illegible]	[illegible]	[illegible]	[illegible]
1869	[illegible]	[illegible]	[illegible]	[illegible]	[illegible]	[illegible]	[illegible]	[illegible]	[illegible]	[illegible]	[illegible]	[illegible]	[illegible]	[illegible]	[illegible]	[illegible]	[illegible]	[illegible]	[illegible]
1870	[illegible]	[illegible]	[illegible]	[illegible]	[illegible]	[illegible]	[illegible]	[illegible]	[illegible]	[illegible]	[illegible]	[illegible]	[illegible]	[illegible]	[illegible]	[illegible]	[illegible]	[illegible]	[illegible]
1871	[illegible]	[illegible]	[illegible]	[illegible]	[illegible]	[illegible]	[illegible]	[illegible]	[illegible]	[illegible]	[illegible]	[illegible]	[illegible]	[illegible]	[illegible]	[illegible]	[illegible]	[illegible]	[illegible]
1872	[illegible]	[illegible]	[illegible]	[illegible]	[illegible]	[illegible]	[illegible]	[illegible]	[illegible]	[illegible]	[illegible]	[illegible]	[illegible]	[illegible]	[illegible]	[illegible]	[illegible]	[illegible]	[illegible]
1873	[illegible]	[illegible]	[illegible]	[illegible]	[illegible]	[illegible]	[illegible]	[illegible]	[illegible]	[illegible]	[illegible]	[illegible]	[illegible]	[illegible]	[illegible]	[illegible]	[illegible]	[illegible]	[illegible]
1874	[illegible]	[illegible]	[illegible]	[illegible]	[illegible]	[illegible]	[illegible]	[illegible]	[illegible]	[illegible]	[illegible]	[illegible]	[illegible]	[illegible]	[illegible]	[illegible]	[illegible]	[illegible]	[illegible]
1875	[illegible]	[illegible]	[illegible]	[illegible]	[illegible]	[illegible]	[illegible]	[illegible]	[illegible]	[illegible]	[illegible]	[illegible]	[illegible]	[illegible]	[illegible]	[illegible]	[illegible]	[illegible]	[illegible]
1876	[illegible]	[illegible]	[illegible]	[illegible]	[illegible]	[illegible]	[illegible]	[illegible]	[illegible]	[illegible]	[illegible]	[illegible]	[illegible]	[illegible]	[illegible]	[illegible]	[illegible]	[illegible]	[illegible]
1877	[illegible]	[illegible]	[illegible]	[illegible]	[illegible]	[illegible]	[illegible]	[illegible]	[illegible]	[illegible]	[illegible]	[illegible]	[illegible]	[illegible]	[illegible]	[illegible]	[illegible]	[illegible]	[illegible]
1878	[illegible]	[illegible]	[illegible]	[illegible]	[illegible]	[illegible]	[illegible]	[illegible]	[illegible]	[illegible]	[illegible]	[illegible]	[illegible]	[illegible]	[illegible]	[illegible]	[illegible]	[illegible]	[illegible]
1879	[illegible]	[illegible]	[illegible]	[illegible]	[illegible]	[illegible]	[illegible]	[illegible]	[illegible]	[illegible]	[illegible]	[illegible]	[illegible]	[illegible]	[illegible]	[illegible]	[illegible]	[illegible]	[illegible]
1880	[illegible]	[illegible]	[illegible]	[illegible]	[illegible]	[illegible]	[illegible]	[illegible]	[illegible]	[illegible]	[illegible]	[illegible]	[illegible]	[illegible]	[illegible]	[illegible]	[illegible]	[illegible]	[illegible]
1881	[illegible]	[illegible]	[illegible]	[illegible]	[illegible]	[illegible]	[illegible]	[illegible]	[illegible]	[illegible]	[illegible]	[illegible]	[illegible]	[illegible]	[illegible]	[illegible]	[illegible]	[illegible]	[illegible]
1882	[illegible]	[illegible]	[illegible]	[illegible]	[illegible]	[illegible]	[illegible]	[illegible]	[illegible]	[illegible]	[illegible]	[illegible]	[illegible]	[illegible]	[illegible]	[illegible]	[illegible]	[illegible]	[illegible]
1883	[illegible]	[illegible]	[illegible]	[illegible]	[illegible]	[illegible]	[illegible]	[illegible]	[illegible]	[illegible]	[illegible]	[illegible]	[illegible]	[illegible]	[illegible]	[illegible]	[illegible]	[illegible]	[illegible]
1884	[illegible]	[illegible]	[illegible]	[illegible]	[illegible]	[illegible]	[illegible]	[illegible]	[illegible]	[illegible]	[illegible]	[illegible]	[illegible]	[illegible]	[illegible]	[illegible]	[illegible]	[illegible]	[illegible]
1885	[illegible]	[illegible]	[illegible]	[illegible]	[illegible]	[illegible]	[illegible]	[illegible]	[illegible]	[illegible]	[illegible]	[illegible]	[illegible]	[illegible]	[illegible]	[illegible]	[illegible]	[illegible]	[illegible]
1886	[illegible]	[illegible]	[illegible]	[illegible]	[illegible]	[illegible]	[illegible]	[illegible]	[illegible]	[illegible]	[illegible]	[illegible]	[illegible]	[illegible]	[illegible]	[illegible]	[illegible]	[illegible]	[illegible]
1887	[illegible]	[illegible]	[illegible]	[illegible]	[illegible]	[illegible]	[illegible]	[illegible]	[illegible]	[illegible]	[illegible]	[illegible]	[illegible]	[illegible]	[illegible]	[illegible]	[illegible]	[illegible]	[illegible]
1888	[illegible]	[illegible]	[illegible]	[illegible]	[illegible]	[illegible]	[illegible]	[illegible]	[illegible]	[illegible]	[illegible]	[illegible]	[illegible]	[illegible]	[illegible]	[illegible]	[illegible]	[illegible]	[illegible]
1889	[illegible]	[illegible]	[illegible]	[illegible]	[illegible]	[illegible]	[illegible]	[illegible]	[illegible]	[illegible]	[illegible]	[illegible]	[illegible]	[illegible]	[illegible]	[illegible]	[illegible]	[illegible]	[illegible]
1890	[illegible]	[illegible]	[illegible]	[illegible]	[illegible]	[illegible]	[illegible]	[illegible]	[illegible]	[illegible]	[illegible]	[illegible]	[illegible]	[illegible]	[illegible]	[illegible]	[illegible]	[illegible]	[illegible]
1891	[illegible]	[illegible]	[illegible]	[illegible]	[illegible]	[illegible]	[illegible]	[illegible]	[illegible]	[illegible]	[illegible]	[illegible]	[illegible]	[illegible]	[illegible]	[illegible]	[illegible]	[illegible]	[illegible]
1892	[illegible]	[illegible]	[illegible]	[illegible]	[illegible]	[illegible]	[illegible]	[illegible]	[illegible]	[illegible]	[illegible]	[illegible]	[illegible]	[illegible]	[illegible]	[illegible]	[illegible]	[illegible]	[illegible]
1893	[illegible]	[illegible]	[illegible]	[illegible]	[illegible]	[illegible]	[illegible]	[illegible]	[illegible]	[illegible]	[illegible]	[illegible]	[illegible]	[illegible]	[illegible]	[illegible]	[illegible]	[illegible]	[illegible]
1894	[illegible]	[illegible]	[illegible]	[illegible]	[illegible]	[illegible]	[illegible]	[illegible]	[illegible]	[illegible]	[illegible]	[illegible]	[illegible]	[illegible]	[illegible]	[illegible]	[illegible]	[illegible]	[illegible]
1895	[illegible]	[illegible]	[illegible]	[illegible]	[illegible]	[illegible]	[illegible]	[illegible]	[illegible]	[illegible]	[illegible]	[illegible]	[illegible]	[illegible]	[illegible]	[illegible]	[illegible]	[illegible]	[illegible]
1896	[illegible]	[illegible]	[illegible]	[illegible]	[illegible]	[illegible]	[illegible]	[illegible]	[illegible]	[illegible]	[illegible]	[illegible]	[illegible]	[illegible]	[illegible]	[illegible]	[illegible]	[illegible]	[illegible]
1897	[illegible]	[illegible]	[illegible]	[illegible]	[illegible]	[illegible]	[illegible]	[illegible]	[illegible]	[illegible]	[illegible]	[illegible]	[illegible]	[illegible]	[illegible]	[illegible]	[illegible]	[illegible]	[illegible]
1898	[illegible]	[illegible]	[illegible]	[illegible]	[illegible]	[illegible]	[illegible]	[illegible]	[illegible]	[illegible]	[illegible]	[illegible]	[illegible]	[illegible]	[illegible]	[illegible]	[illegible]	[illegible]	[illegible]
1899	[illegible]	[illegible]	[illegible]	[illegible]	[illegible]	[illegible]	[illegible]	[illegible]	[illegible]	[illegible]	[illegible]	[illegible]	[illegible]	[illegible]	[illegible]	[illegible]	[illegible]	[illegible]	[illegible]
Totaux					197.228 90	361.124 55													

Notes (footnotes, largely degraded):

(6) La plupart n'en jouissent qu'à partir de 1875.

(?) [illegible] à la Caisse des retraites, où [illegible] juillet 1855, ne figurent pas dans ce tableau.

(1) Depuis le 1er juin 1859, nous servons nos pensions avec les intérêts du capital de retraite disponible.

(2) Ces [bonifications] ayant [été reprises] par l'État [illegible] des Sociétés, ne sont pas [comprises] dans notre avoir.

(4) L'établissement de la limite d'âge d'admission à la pension [illegible] la création de petites pensions qui augmentaient chaque [illegible] [illegible] de la première année, mais [illegible] en faveur des ayants-droit, la pension [illegible] [illegible] nombreuses actions de Société.

[Nota marginal:] Nous [donnerons] en 1901 [illegible] fr. de pension aux sociétés [illegible] [illegible] 1865, de pension aux [illegible].

Nota. — On a décidé en 1885 [illegible].

ÉTAT de la situation des Sociétés de Secours mutuels à la Caisse nationale des Retraites

AU 31 DÉCEMBRE 1898

	DÉNOMINATION DES SOCIÉTÉS (1)	NOMBRE DE SOCIÉTÉS	PENSIONS AU 31 DÉCEMBRE 1898			AVOIR TOTAL des sociétés à la Caisse des retraites (2)
			NOMBRE	MONTANT	COUT	
				FR.	FR.	FR. C.
ROUEN	L'Émulation chrétienne		192	23.080	621.444	730.332 11
	L'Alliance		21	4.031	111.557	185.625 05
	Les Anciens Militaires et Marins vétérans		»	»	»	6.236 66
	Les Sourds-Muets de Normandie		»	»	»	5.311 70
	L'Association mutuelle des Femmes de Rouen		»	»	»	3.048 89
	La Cordonnerie rouennaise		»	»	»	284 13
	Les Ouvriers de l'Établissement Rivière et Cⁱᵉ		»	»	»	7.221 69
	La Jeanne-d'Arc		»	»	»	8.712 81
	La Prévoyance mutuelle		49	9.355	247.750	655.851 52
	La Renaissance mutuelle		»	»	»	6.285 78
	Le Saint-Esprit		3	252	6.900	16.786 63
	Les Sauveteurs-Hospitaliers		»	»	»	46.561 13
	Les Sauveteurs rouennais médaillés de l'État		26	2.927	79.550	82.575 45
	L'Union		17	2.948	80.654	108.711 97
	Total des Sociétés de Rouen	14	308	42.593	1.147.855	1.863.525 32
SEINE-INFÉRIEURE	Les Cantonniers du Service vicinal		»	»	»	397.794 02
	Les Instituteurs et Institutrices		109	7.600	198.670	209.905 07
	Les Voyageurs de Commerce de la Seine-Inférieure		»	»	»	50.046 17
	Total des Sociétés de la Seine-Inférieure ayant leur siège à Rouen	17	417	50.193	1.346.525	2.524.870 58
	Moyenne par Société en dehors de l'Émulation chrétienne de Rouen	14	14	1.694	45.317	112.158 65
	Total des Sociétés de la Seine-Inférieure	89	1.110	88.385	2.372.565	4.416.612 68
	Moyenne par Société en dehors de l'Émulation chrétienne de Rouen		810	742	19.899	41.860 55
FRANCE	Total des Sociétés de France et colonies	4.418	42.678	2.874.105	76.744.645	134.473.240 30
	Moyenne par Société en dehors de l'Émulation chrétienne de Rouen		9	645	17.234	30.279 12

(1) On ne s'occupe ici que des Sociétés ayant leurs pensions de retraite assurées par des dépôts à la Caisse nationale. C'est le cas de la plupart des Sociétés de Secours mutuels approuvées ou reconnues.
(2) La différence entre le coût des pensions et l'avoir total forme le capital disponible à la Caisse des retraites.